Le secret de l'écrivain

ISBN : 2-7459-0217-2

Roger Judenne

Le secret de l'écrivain

MILAN PÔCHE

1

Son métier, c'est d'écrire des livres. Il les signe « Nel White ». Mais c'est un pseudonyme. Son vrai nom, c'est Lionel Blanchet. Lionel est devenu Nel et Blanc s'est américanisé en White. Nel White. D'après lui, c'est un nom qui flashe sur la couverture d'un livre.

Quand il a terminé un livre, il a un chèque. Quand il n'écrit pas, il n'a pas d'argent. Depuis plus de six mois, il n'a pas réussi à aligner vingt lignes. Chaque jour, il commence une histoire, s'enflamme, griffonne une page, puis il s'arrête, relit et, finalement, arrache la feuille de l'imprimante, la bouchonne et la jette à la corbeille. Sec. Panne d'inspiration.

Le réfrigérateur est vide, le chat devient maigre et le poisson rouge qui tourne dans le bocal vire au blanc à force de manger des miettes de pain.

Il ne paie plus son loyer et le propriétaire a menacé de le mettre dehors.

Lionel dépose toute sa fortune sur la table : 25,60 F en petites pièces et un chéquier sur le compte duquel il ne reste plus que 17,28 F. Sur son dernier relevé de compte, la banque a indiqué que 17,28 F, cela correspond à 2,63 euros. 2,63 ! En euros, il a l'impression d'être encore plus raide.

« Cool ! murmure-t-il pour se rassurer. Allume ton ordinateur et assieds-toi. Je sens que l'idée géniale frappe à la porte. »

Il se gratte la barbe, puis la tête, ce qui a pour effet de transformer ses cheveux raides en une sorte de nid de corbeau mal tressé. Il s'assied et appuie sur le bouton. Le ventilateur du disque dur se met à ronronner. En attendant que l'écran s'allume, il repousse une masse de feuilles éparses qui jonche la table, pique une cacahuète dans le paquet éventré, se l'envoie dans la bouche et la fait rouler sur sa langue pour mieux sentir le sel qui recouvre la petite graine. Il a envie de la croquer tout de suite, mais il résiste. Il ne croque la cacahuète que lorsque son agacement le pousse à la coincer entre deux grosses molaires. Alors il l'écrase avec un petit grognement de satisfaction. L'écran s'éclaire. Les logiciels se mettent en place. Lionel se penche, glisse sa main vers la pointe de son pied droit et tire sur la chaussette. Puis il enlève aussi la chaussette gauche. Il aime avoir les pieds nus pour écrire. Ses orteils gigotent, font tourner les vieilles pantoufles, les éloignent, les attirent, se glissent à l'intérieur comme un bernard-l'ermite dans une coquille vide. Écrire exige qu'il ait les pieds nus.

Enfin le curseur clignote. L'ordinateur est prêt. Il n'y a plus qu'à taper sur le clavier. Imaginer. Inventer une histoire. La vieille chatte saute sur la table, pose son arrière-train sur des feuilles griffonnées, entoure ses pattes avec sa queue et plisse ses yeux verts. Elle regarde, impassible, muette, peut-être même ironique, semblant le défier et lui dire à chaque instant : « Je parie que ce sera comme hier, comme avant-hier, comme la semaine dernière et les autres depuis six mois. Tu n'y arriveras pas… »

Lionel la regarde et hausse les épaules. Il approche ses mains du clavier.

« D'abord, le héros… Une femme… Un homme… Un vieux… »

Il sourit et emmêle un peu plus sa tignasse ébouriffée. La chatte penche la tête. Le poisson rouge-blanc lâche trois bulles qui viennent crever à la surface du bocal.

« Un vieux, avec une casquette, un parapluie et un journal. Il est assis… »

Lionel écrit : *Devant l'église… Saint-Paul* (c'est le nom de l'église qui se trouve près de chez lui) *le vieil homme sentit la fatigue monter dans ses jambes. Il se dirigea vers un banc, s'y assit, posa son parapluie à côté de lui, releva sa casquette pour éponger la sueur que cette courte marche avait fait naître sur son front et s'éventa avec le journal acheté quelques minutes plus tôt. Il respira à pleine bouche et retrouva son calme. La cloche de l'église sonna quelques coups. Le vieux leva la tête. À ce moment…*

« À ce moment… Il faudrait que je trouve un truc génial ! La trouvaille, c'est maintenant qu'il me la faut ! »

Il fait tourner ses pantoufles autour de son gros orteil et coince la cacahuète entre deux grosses molaires, résistant à l'envie de la broyer avant d'avoir trouvé l'idée. Rien. Aucune étincelle. Que peut faire un vieux monsieur assis devant l'église Saint-Paul ? Lionel se penche vers l'écran et relit ce qu'il vient de taper afin de se concentrer. Il faut absolument trouver quelque chose.

Il lève les yeux et il aperçoit une silhouette grimpant l'escalier du clocher… essaie-t-il.

Une silhouette difforme, avec une bosse et un visage tordu. Quasimodo. Et puis dehors, il y a une belle gitane et, à la fin, ils se marient. Bravo ! Idée géniale !

« Cool. » murmure-t-il à mi-voix. Mais l'énervement le gagne. Il sent bien que les idées ne viennent pas. La colère monte. Il a envie de se révolter contre lui-même, de s'insulter à grands coups de « Écrivain raté ! Inventeur d'histoires nul ! » Il serre involontairement les dents et écrase la cacahuète, ce qui le fait enrager davantage. Même pas capable de se retenir. Il se lève, hausse les épaules en passant devant la chatte qui le suit de ses yeux secrets et, d'un coup de pied nerveux, envoie ses chaussettes sur les touches du piano.

« Marre ! Marre ! De l'air, de l'air. On étouffe dans cette baraque. »

Il reprend ses chaussettes en appuyant sur un mauvais accord *do-si* bémol-*fa*, les enfile sans s'asseoir, ce qui l'oblige à un numéro d'équilibriste plutôt comique, et part dans l'entrée à la recherche de ses mocassins. Puis il endosse son caban, tente de remettre un peu d'ordre dans ses cheveux, tourne la poignée et claque la porte. Il dévale l'escalier et se retrouve en trois pas sur la place du Vieux-Marché. À droite, au bout de la rue, il aperçoit le pont George-V et la Loire dont l'eau reflète la lumière. Souvent, quand l'écriture ne va pas, il marche le long de la Loire. L'eau qui coule avec une force patiente, les cormorans qui survolent les îles, les remous qui enflent autour des piles du pont lui permettent de trouver un peu de calme. La Loire est très belle. D'instinct, il se dirige vers le fleuve, puis il se ravise, rebrousse chemin et remonte vers la gauche en direction de l'église Saint-Paul.

Il marche. Il aime ce quartier avec ses rues moyenâgeuses, ses trottoirs étroits, son odeur de pierre et d'eau. L'église Saint-Paul surgit au détour de la rue du Cheval-Rouge. Il en fait le tour.

« L'église Saint-Paul... Quelle idiotie ! Il ne peut rien se passer ici ! »

Devant l'église Saint-Paul, il y a un banc. À ce moment, un vieil homme s'approche en s'appuyant sur un parapluie qu'il utilise comme une canne. Visiblement, il est fatigué. Il se dirige vers le banc, s'assied, pose son parapluie à côté de lui. Puis il relève sa casquette, éponge la sueur de son front et s'évente avec un journal. Il respire à pleine bouche.

Lionel s'arrête et sourit. La scène l'étonne et l'amuse. C'est exactement ce qu'il a écrit. Ce vieux bonhomme pourrait être le personnage de son début d'histoire. Lionel a l'impression que c'est le petit bout d'un film dont il viendrait d'inventer le scénario.

La cloche de l'église sonne quelques coups. Le vieux lève la tête et semble chercher quelque chose du côté du clocher. Lionel lève aussi les yeux, mais rien, aucune silhouette n'apparaît, aucun Quasimodo, aucun assassin. Il sourit.

« Marrante la coïncidence… »

Lionel repart en haussant les épaules. Des vieux à casquette qui s'assoient sur un banc, ce n'est pas rare. Il y en a des ribambelles dans chaque ville. Il se dit qu'il était en panne d'inspiration. Alors, involontairement, il a écrit quelques lignes qui correspondent à des images qu'il a vues cent fois. Le vieux, c'est un vieux du quartier auquel il n'a jamais prêté attention mais qu'il a probablement souvent croisé. Quant à la cloche de l'église Saint-Paul…

Il secoue la tête, se traite de débile, fait demi-tour et descend vers la Loire.

2

La Loire est superbe, comme à son habitude, même si, ce soir, c'est une Loire différente de celle des autres jours. La Loire est changeante. La marche sur les berges apaise Lionel et, au bout d'une heure ou deux (Lionel n'a jamais de montre), quand il rentre chez lui, il a retrouvé son calme et sa bonne humeur. La nuit commence à tomber. La vieille chatte a regagné son coussin et dort roulée en boule. L'ordinateur est resté allumé et jette une lumière verdâtre sur le fouillis de paperasses éparses dans le petit appartement. Lionel s'empare de la souris, clique deux fois et efface l'histoire du vieux à la casquette. Il s'assied, pique une cacahuète qui s'est échappée du paquet, se l'envoie dans la bouche et la fait rouler en faisant attention à ne pas la croquer. Puis il se penche, glisse sa main vers ses pieds et tire sur ses chaussettes. Voilà, il est prêt. Il se frotte les mains, étire ses doigts à la manière d'un sportif en compétition pour les assouplir et, sans réfléchir, les pose sur les touches du clavier.

Et brusquement, c'est génial. Ses doigts frappent les touches et les phrases naissent avec une facilité si grande qu'un immense sourire illumine son visage.

« Cool ! Cette fois, c'est la baraka ! »

Son pain dépassant du sac à commissions qu'elle tenait à la main, Mme Bonamy sortit de la boulangerie-pâtisserie. Elle fit quelques pas en direction de l'école des petits quand elle entendit : « Hé ! Marie-Thérèse ! » Elle tourna la tête. Sur le trottoir d'en face, M. Misaille levait le bras et l'appelait à grand renfort de gestes et de cris :

– J'ai une grande nouvelle pour toi, lui lançait-il.

Mme Bonamy fit deux pas sur le côté et s'arrêta au bord du trottoir. Les feux passèrent au vert. Une Mobylette démarra dans un bruit infernal. Un camion fit ronfler son moteur.

– Ma fille...... nous... é...... des......ries et puis nous, on a......bé.

De l'autre côté de la chaussée, l'homme essayait de lui expliquer quelque chose qu'elle entendait mal à cause de la circulation.

–Quoi ? fit-elle en portant la main à son oreille pour montrer qu'elle ne comprenait pas.

M. Misaille lui fit signe de traverser la rue pour le rejoindre. La femme pencha rapidement la tête à droite, puis à gauche et s'élança au milieu de la circulation. Il y eut un coup de Klaxon puis un coup de frein et un choc. On vit le sac à provisions s'élever en l'air, les tomates et le pain jaillir du cabas et Mme Bonamy s'affaler sur le capot de la voiture…

Lionel relève la tête vers l'écran. Il est content. Cette fois-ci, le roman démarre sur les chapeaux de roues. Il relit le texte en se frottant les mains.

« La baraka, je te dis. »

D'ordinaire, l'angoisse lui coupe l'appétit : il a maigri de cinq kilos depuis qu'il n'arrive plus à écrire. Maintenant, avec l'histoire qui naît sous ses doigts avec tant de facilité, il reprend confiance. D'ailleurs, la cacahuète est intacte dans sa bouche. Il ne l'a toujours pas écrabouillée, ce qu'il prend pour un heureux présage. Par contre, ce brusque optimisme réveille son estomac et une faim d'ogre s'enflamme en lui.

–À table, à table, dit-il à haute voix. Faut que je prenne des forces. Je sens que l'histoire va me tenir éveillé toute la nuit.

La vieille chatte lève la tête et semble comprendre qu'elle va enfin manger. Le poisson rouge aux nageoires décolorées s'approche de la surface, prêt à gober les miettes qu'il entrevoit déjà. Lionel intitule cette histoire *Le Crime de Mme Bonamy*, l'enregistre avec soin et s'élance vers le coin cuisine. Il n'ouvre même pas le réfrigérateur. À quoi bon puisqu'il le sait vide. Il tire la porte du placard. L'exploration est rapide : il ne reste qu'un gros paquet de nouilles à moitié entamé et un kilo de riz dans une boîte toute neuve. Un autre jour, il aurait fait la moue et lancé un juron en disant qu'il préfère de la tête de veau ou du foie de génisse mais, aujourd'hui, il dit simplement :

–Formidable, y a le choix…

Il choisit le riz, parce qu'il reste un fond de curry dans un flacon. Il fait bouillir une grande casserole d'eau dans laquelle il verse la boîte tout entière. Pendant que le riz cuit, il ouvre la dernière bouteille de vin qui lui reste et en boit un grand verre pour fêter l'inspiration revenue. Il chantonne. Il se sent brusquement optimiste, confiant, heureux.

Le repas est copieux. Il mange le kilo de riz et boit toute la bouteille. C'est à peine s'il consent à abandonner une petite portion à la chatte. Quant au poisson, il n'a pas de miettes puisqu'il n'y a pas de pain. À la fin, Lionel se tape sur le ventre, rote un coup, chante un tango de Carlos Gardel et danse avec la chatte dans les bras. La pauvre bête n'apprécie pas, parce que Lionel sent le vin et titube un peu. Aussi est-elle soulagée quand il la pose sur son coussin, s'allonge et s'endort.

Le lendemain matin, le téléphone l'arrache douloureusement de son sommeil. Il ne parvient à revenir à la réalité et à décrocher qu'après une quinzaine de sonneries. Il a la tête lourde et les idées emmêlées comme une pelote de laine malmenée par un chat.

– … Allô…

– J'attends depuis une demi-heure… Qu'est-ce que tu fous ?

– Hein… Une demi-heu… mais il est quelle heure ?

– Huit heures et demie. J'parie que t'étais encore au lit. Hé, l'armoire qu'on va chercher avec la camionnette à Jeannot, t'as oublié ?

– L'armoire…

Ah, oui, l'armoire. Non, il n'a pas oublié, mais… Il se souvient maintenant. Antoine, son ami, le peintre.

Antoine a trouvé un appartement-atelier sous les toits au cinquième étage d'un immeuble situé quai du Châtelet. Il a commencé à emménager et lui, Lionel, il a promis de venir l'aider à transporter une armoire… C'est donc aujourd'hui que Jeannot prête sa camionnette ? Lionel regroupe ses idées, mais c'est difficile. Il ressemble à un enfant de six ans qui tente de réunir avec un élastique dix bûchettes récalcitrantes. Antoine reprend :

– Je t'attends au *P'tit Pierre*. T'as dix minutes. J'te commande un café. Grouille…

Antoine a déjà raccroché. Lionel n'a pas le temps de répondre.

« Cool… » se dit-il pour se donner le temps de retrouver ses esprits. Puis il repose le combiné, enjambe la couette qui a glissé à terre, relève quelques vêtements qui traînent sur le sol, repousse une chaise contre la table. La vieille chatte saute et ronronne en dressant la queue.

– Bonjour, princesse… T'as entendu ? Faut que je sorte. Oublié… Sinon, j'aurais mis le réveil (mais là, il se ment, parce qu'il n'a pas de réveil non plus).

Il se passe la main dans les cheveux. Il se dirige vers la salle d'eau, se gratte la joue et se regarde dans le miroir. La barbe d'une semaine lui noircit le visage. Il ouvre le robinet, se passe de l'eau sur le visage, puis il revient dans la pièce, tourne, cherche son caban, le trouve dans l'entrée, enfile une manche. Il s'apprête à se chausser mais, au moment de glisser ses pieds dans les mocassins, il s'aperçoit qu'il n'a pas de chaussettes.

– Chaussettes, êtes-vous là ?

Il a l'habitude de chercher ses chaussettes. D'ailleurs, il les voit : il y en a une perchée sur le dossier d'une chaise et l'autre à côté du bocal du poisson rouge-blanc.

Dehors, il est surpris par la lumière. Il fait frais, mais beau, ce qui le réveille tout à fait. Il respire un grand coup, enfourne les mains dans les poches de son caban et s'engage dans la rue du Cheval-Rouge.

« Armoire, à nous deux ! »

Il marche vite. Maintenant, il se souvient parfaitement. Vendredi dernier, Antoine les a invités, lui et quelques autres. Vendredi dernier, il a vendu sa première toile et c'est pour fêter l'événement qu'il leur a payé une pizza. Lionel est sûr qu'Antoine a du talent, même s'il trouve que sa peinture est trop abstraite et que tous ses tableaux semblent représenter un tas de briques noires en train de s'écrouler. Antoine a expliqué : il y a les peintres qui peignent des paysages ou des animaux et puis il y a ceux qui peignent des sentiments, des impressions, des états d'âme. Il y a Monet et il y a Picasso. Lui, Antoine, c'est encore plus Picasso que Picasso, surtout à cause des carrés noirs et verts. C'est pourquoi il faut entendre ses explications en regardant les toiles. Sans les explications, on ne peut pas comprendre. Antoine, il lui faut une heure pour peindre un tableau et un mois pour l'expliquer.

Lionel marche en pensant à la peinture. Il suit plusieurs rues étroites, traverse un carrefour, se dirige vers la gare en remontant une rue très animée dont les deux côtés sont bordés de boutiques. Les trottoirs sont encombrés.

Soudain, de l'autre côté de la rue, un homme lance d'une voix très forte :

– Hé ! Marie-Thérèse !

Flash ! C'est comme un feu rouge qui s'allume dans la tête de Lionel. Il stoppe net. Sur le trottoir d'en face, le monsieur lève le bras et appelle à grand renfort de gestes et de cris :

– Hé ! Marie-Thérèse, j'ai une grande nouvelle pour toi.

Lionel se fige et observe. Une quinzaine de mètres devant lui, son pain dépassant du sac à commissions, une dame sort de la boulangerie-pâtisserie. Elle marche en direction de l'école des petits mais ce « Hé ! Marie-Thérèse ! » lui fait tourner la tête. La dame fait deux pas sur le côté et s'arrête au bord du trottoir. Lionel regarde vers le haut de la rue : les feux passent au vert. Une Mobylette démarre dans un bruit infernal. Un camion fait ronfler son moteur.

– Ma fille...... nous... é...... des......ries et puis nous, on a......bé.

De l'autre côté de la chaussée, l'homme essaie de lui expliquer quelque chose qu'elle n'entend pas à cause de la circulation.

– Quoi ? fait-elle en portant la main à hauteur de son oreille, autant pour s'en faire une espèce d'écouteur que pour signifier qu'elle ne comprend rien.

Le monsieur s'approche du bord du trottoir et lui fait signe de traverser la rue pour le rejoindre. La femme jette un œil à droite, à gauche et s'élance au milieu de la circulation. Lionel pressent l'accident. Il pâlit :

« Non... Oh non... »

Il y a un coup de Klaxon puis un grand coup de frein et un choc. Entre un scooter et une camionnette de livraison, Lionel voit tout d'abord le sac à provisions s'élever au-dessus d'une voiture de France Télécom, les tomates et le pain jaillir du cabas et la dame s'affaler sur le capot d'une voiture blanche…

Lionel se cache les yeux avec sa main. Son cœur se met à battre très fort sous son caban. Il a soudain l'impression qu'il ne pèse pas plus d'un gramme et que ses pieds ne touchent pas le sol. Il rêve.

« Ah non ! C'est pas vrai ! »

Un terrible malaise s'empare de lui. C'est comme s'il avait assassiné cette pauvre dame. D'un seul coup, il se sent responsable de l'accident, coupable même. Il rebrousse chemin et, tandis que des dizaines de passants se précipitent vers l'accident, il se met à courir pour fuir, pour échapper à la lourde main des gendarmes qu'il sent déjà sur son épaule.

Quand il arrive chez lui, il grimpe l'escalier, ferme la porte à double tour et se précipite vers son ordinateur. Les quelques dizaines de secondes nécessaires pour que l'appareil s'allume lui semblent une éternité. Il n'arrête pas de se répéter : « Cool, cool… » mais sa voix est inquiète.

L'écran s'allume enfin. Il clique fébrilement sur l'icône « Le Crime de Mme Bonamy » et, dès que le texte qu'il a écrit la veille apparaît sur l'écran, il relit la fin et ajoute :

… jaillir du cabas et Mme Bonamy s'affaler sur le capot de la voiture… Aussitôt, les passants se précipitèrent vers le lieu de l'accident. À leur grande surprise, ils virent Mme Bonamy se relever sans une égratignure et se mettre à quatre pattes pour ramasser ses tomates.

– Aidez-moi donc, houspillait-elle les gens, vous voyez pas que les voitures vont m'en faire de la purée !

– Ouf ! lâche Lionel en mettant le point final.

Il ressent un grand soulagement. Il pense vraiment avoir sauvé la vie de Mme Bonamy. Mais il ne peut s'empêcher d'éteindre aussitôt l'ordinateur.

3

Le téléphone sonne à nouveau, mais Lionel ne décroche pas. Il sait que c'est Antoine, avec son histoire d'armoire. Il n'ira pas. Il est bien trop préoccupé. Il s'allonge sur le lit, croise ses mains sous sa nuque et essaie de réfléchir. Ce n'est pas facile. Ce qui vient de lui arriver paraît si extraordinaire qu'il ne réussit pas à mettre un peu de logique dans ses idées.

« Le vieux sur le banc, la bonne femme avec ses tomates… ce sont des coïncidences », essaie-t-il de se persuader.

Coïncidences ? Pas sûr… Un vieux qui s'assoit sur un banc devant l'église Saint-Paul, passe encore, mais une femme qui se fait renverser par une voiture, c'est plus rare. Et puis, il y a tous ces détails : la boulangerie-pâtisserie, les tomates, les paroles. « Hé ! Marie-Thérèse ! », ce ne peut pas être une coïncidence. Lionel voudrait ne plus réfléchir, parce que, plus il pense, plus il se fait peur. Les idées tournent et retournent dans sa tête et, toujours, la même conclusion s'impose à lui :

« Ce que j'ai vu et ce qui s'est passé, c'est exactement ce que j'avais écrit. »

D'abord, il refuse ce constat, recherche mille arguments pour se prouver que c'est le hasard, mais, plus il raisonne, plus l'idée lui apparaît évidente : il s'est passé exactement ce qu'il a imaginé ! Sa logique le pousse alors à une seconde conclusion :

« Et c'est justement parce que je l'ai imaginé que cela s'est produit ! »

D'ailleurs, après l'accident, pourquoi se serait-il précipité vers son ordinateur pour continuer l'histoire si, d'instinct, il n'avait pas su que ces quelques lignes allaient sauver Mme Bonamy. Il faudrait se renseigner pour savoir ce qu'est devenue Mme Bonamy (parce que cette brave dame s'appelle forcément Mme Bonamy), en téléphonant chez le boulanger-pâtissier, par exemple, ou à l'hôpital.

D'un seul coup, il est tout excité, parce qu'il découvre qu'il détient probablement un pouvoir extraordinaire.

« J'invente un personnage, et il existe. Je lui fais faire un geste, et il le fait. Je décide qu'il traverse la rue, et il la traverse. J'écris qu'il prononce telle ou telle parole, et il exécute fidèlement… »

Lionel sourit. Depuis le temps qu'il écrit des romans, il a compris qu'il était une sorte de grand marionnettiste. C'est lui qui crée les personnages et qui décide de ce qu'ils vont faire, de ce qu'ils vont dire, de ce qu'ils vont devenir. Il provoque le bonheur ou le malheur de ses protagonistes. Face à son clavier, il est plus puissant qu'un roi. Les personnages sont ses marionnettes, ses esclaves. Il en fait tout ce qu'il veut. Il se sent bien responsable de leur bonheur ou de leur malheur, mais ce n'est qu'un jeu. C'est pour de faux, comme disent les petits. Ce ne sont que des personnages de romans qui ne peuvent ni rire, ni pleurer, ni souffrir pour de vrai. Ils n'existent que dans sa tête à lui, l'écrivain, et dans celle de ses lecteurs quand ils ont lu l'histoire.

Il sourit et se traite d'idiot.

« Tu n'aurais pas dû boire toute cette bouteille de vin hier au soir. Tu as trop mangé aussi. Comme tu en avais perdu l'habitude, cela te joue des tours. Tu délires ou tu as des hallucinations. Tu sais bien que tes personnages sont inventés. Comment veux-tu transformer de vraies gens en espèces de robots programmés par tes histoires ? C'est absurde. Tu deviens fou ! Lionel Blanchet a fait des excès, et c'est Nel White qui voit des mirages. »

Il se lève pour s'arracher à ses réflexions et se passe longuement la nuque sous le robinet d'eau froide. Il allume la cafetière et se prépare un grand bol de café très fort. En attendant, il s'assied, pose les deux coudes sur la table et regarde le poisson rouge-blanc qui fait des bulles dans son bocal. Le pauvre s'approche le plus possible de Lionel pour essayer de lui faire comprendre qu'il voudrait quelques miettes. Le verre arrondi du bocal déforme la tête du poisson et Lionel voit de gros yeux ronds, comiques, curieux. Il regarde le poisson remuer lourdement ses nageoires en appuyant l'anneau de ses lèvres contre le verre.

La cafetière siffle. Lionel remplit un bol, ajoute quatre sucres et remue longuement. Il boit une gorgée. Le café est chaud, fort, serré. Il le déguste à petites lampées. Et pendant tout ce temps, son regard est attiré par l'ordinateur.

« Ce qu'il faudrait, c'est l'allumer, essayer encore une fois, exprès, pour voir. Si ce que tu écris se réalisait une fois encore, alors là, ce ne serait pas le hasard. Tu aurais la preuve. »

Il avale une nouvelle petite gorgée. Le café lui réchauffe l'estomac. Ses idées lui semblent claires, pas du tout embrouillées par les effets de la malicieuse bouteille. Seulement, son éventuel nouveau pouvoir, s'il l'excite, lui fait aussi très peur. Être responsable du destin de vraies personnes, c'est redoutable. Oui, mais ce serait tellement grisant de posséder le pouvoir de transformer la vie réelle en une sorte de roman et de devenir, lui, le romancier, magicien ou sorcier...

Le bol est presque vide. Lionel hésite à boire les dernières gouttes. Dans quelques secondes, quand il l'aura reposé sur le bord de l'évier, il faudra prendre une décision : ou bien allumer l'ordinateur, ou bien ne pas y toucher parce que, si ce pouvoir est si terrible, le plus sage est de ne plus jamais écrire.

« Ce qu'il faudrait, c'est faire un test, en écrivant quelque chose de gentil. Une petite histoire qui ne fasse pas mal aux personnages. Ne pas prendre de risques. »

Ne plus jamais écrire, il ne le peut pas. Même si depuis quelques mois l'inspiration lui fait défaut, il sait qu'il a écrit plein d'histoires et qu'il réussira à en écrire d'autres. Écrire, c'est inscrit dans son mode d'emploi intérieur. Il fonctionne comme ça, et il ne peut pas s'en passer.

Au moment où il pose le bol, il hésite encore, mais une force irrésistible le pousse à tendre la main vers l'ordinateur. Il appuie sur le bouton.

Moment extraordinaire. Il croit tenir le monde entre ses mains…

« Attention, se dit-il, pas d'imprudence. Ne prends aucun risque. Une histoire gentille, très gentille… »

Le garçon tenait un bouquet d'œillets à la main. Sans doute voulait-il fêter un événement heureux parce qu'il semblait fou de joie. Il marchait en exécutant des pas de danse et de petits sauts, comme s'il avait en tête une musique antillaise. Quand il arriva sur la place…

Lionel s'arrête : il n'y a pas assez de précisions. Il doit prévoir davantage de détails pour être certain qu'il n'est pas, une fois encore, victime de coïncidences. Il remonte le curseur et corrige :

Le garçon pouvait avoir onze ou douze ans. Il était beau, très beau. Les yeux surtout, d'un bleu-vert superbe. Il portait un anneau d'or très fin à l'oreille gauche. Sans doute voulait-il fêter un événement heureux parce qu'il semblait fou de joie. Il tenait un bouquet d'œillets à la main et marchait en exécutant des pas de danse et de petits sauts, comme s'il avait en tête une musique antillaise. Quand il arriva devant la statue de Jeanne d'Arc, il croisa une vieille dame qui avançait lentement, une canne à la main.

Le garçon s'arrêta à sa hauteur, arracha un œillet rouge à son bouquet et le lui tendit en disant:

–Soyez heureuse, je vous aime…

La vieille dame, bien que surprise par ce geste très inhabituel, prit l'œillet, ravie. Elle posa la main sur l'épaule du garçon, l'attira à elle et lui posa un baiser sonore sur la joue. Le garçon l'embrassa aussi, fit trois pas de danse et tourna autour de la statue.

« Si cette scène se réalise, plus de doute. Et puis en offrant un œillet, je ne risque pas de leur faire mal. »

Maintenant, il ne reste plus qu'à aller sur la place, se poster devant la statue de Jeanne d'Arc et ouvrir l'œil. Lionel éteint l'ordinateur, enfile son caban, grattouille le sommet du crâne de la chatte et sort. La place est proche de chez lui et il ne lui faut que quelques minutes pour s'y rendre. Il avise un banc du petit jardin situé devant la trésorerie générale, s'assoit et observe.

Il n'a pas longtemps à attendre. Débouchant du coin de la banque, apparaît un jeune garçon, onze ou douze ans peut-être, un bouquet d'œillets à la main. Il saute, danse, manifeste une grande joie. Un reflet de lumière s'accroche de temps à autre dans le petit anneau doré qu'il porte à l'oreille gauche. Il se rapproche. Lionel est stupéfait.

« Inouï ! Il ne manque que la dame à la canne ! »

Le garçon avance. C'est vrai qu'il est beau ! La programmation est parfaite : la vieille dame arrive, agitant sa canne de gauche à droite devant elle pour débusquer les obstacles. Le garçon se dirige vers elle, arrache un œillet rouge à son bouquet et le lui tend en disant :

– Soyez heureuse, je vous aime…

La vieille dame stoppe net. Elle semble surprise, mais elle saisit l'œillet, se penche en avant et embrasse le garçon. De là où il se trouve, Lionel entend le « smac » sonore du baiser sur la joue. Le garçon lui rend son baiser. La dame s'éloigne, tandis que l'enfant fait des pas de danse et tourne autour de la statue.

Lionel n'en revient pas. Tout s'est déroulé exactement comme il l'a écrit.

« La preuve est faite ! Incroyable ! »

Il se sent un peu K.-O. Il balance la tête de droite à gauche en fermant les yeux, se frappe le front parce que l'événement le dépasse et se lève. Il éprouve un immense besoin de marcher au bord de la Loire pour retrouver ses esprits. Mais, au moment de partir, le gamin attire à nouveau son regard ; il est immobile près de la statue. On dirait qu'il ne sait plus ce qu'il doit faire. Lionel n'a pas poursuivi l'histoire. Son personnage est désemparé. Il ressemble à une marionnette abandonnée. Lionel rit :

« Il ne va pas rester planté là pendant une heure ! »

Une dizaine de secondes s'écoule, puis le garçon s'anime à nouveau. Il regarde son bouquet d'œillets, marche en direction du parking. Il croise des gens, s'arrête, revient en arrière à la hauteur d'une dame qui a à peu près le même âge que la première, tire un œillet de son bouquet et refait les mêmes gestes. Lionel est pris d'un gros rire qui secoue sa poitrine :

« Ma marionnette se dérègle. Il ne va quand même pas faire ça toute la journée, le pauvre ! »

La dame est ravie. Elle embrasse le garçon qui se penche à son tour vers la dame, lui entoure le cou et l'embrasse. C'est comique.

Et puis, tout va très vite. Il détale, s'engouffre dans la gueule noire de l'entrée du parking, tandis que la dame porte les mains à son cou et crie :

– Mon collier ! Au voleur ! Au voleur !

4

Pour le coup, c'est Lionel qui reste figé et qui ne sait plus quoi faire !

« Mais je n'ai pas écrit ça ! » proteste-t-il.

– Au voleur ! Au voleur ! Rattrapez-le ! hurle la dame.

Elle agite les bras, amorce une poursuite mais abandonne rapidement. Elle est trop grosse, trop vieille, trop essoufflée. Le garçon disparaît. Lionel se révolte :

« Ah ! Le traître ! Il m'a roulé ! »

Alors, il s'élance au risque de bousculer des gens qui s'arrêtent pour voir qui peut bien crier de la sorte, atteint le parking et s'y engouffre à son tour. Il dévale la rampe. Un niveau, deux niveaux... Il comprend très vite que chaque voiture garée constitue une cachette formidable. Il suffit de se baisser pour disparaître.

« Inutile, réfléchit-il en cessant sa course. Je ne le retrouverai pas. »

À moins qu'il n'ait un complice et qu'il puisse se glisser à bord d'une voiture, le gamin ressortira à pied par l'un des accès au parking. Or, il n'en existe que trois : l'entrée des voitures, la sortie et l'accès des piétons.

« Sortie des voitures, il ne l'utilisera pas, à cause des caisses. L'entrée ? il ne s'y risquera pas non plus, par crainte de retrouver la vieille dame. Il ne reste que l'accès des piétons... »

Logique. Lionel gagne rapidement l'accès piétons. Il grimpe l'escalier quatre à quatre et se retrouve sur la place. Maintenant il n'y a plus qu'à attendre.

« À moins qu'il ne soit déjà parti... » s'inquiète Lionel en s'adossant à un arbre.

Une pensée lui traverse l'esprit : et si le gamin le reconnaissait, s'il essayait de lui échapper ?

« Idiot. On ne s'est jamais rencontrés. Il ne m'a jamais vu. Comment me reconnaîtrait-il ? »

Lionel n'a guère le temps de réfléchir. Quelques minutes se sont à peine écoulées quand le garçon sort par la sortie piétons et franchit la dernière marche en sautillant. Il n'a nullement l'air inquiet. Au contraire, on dirait qu'il fredonne. Il jette un rapide coup d'œil aux alentours, enfonce les mains dans les poches de son jean et traverse la place. Il ne se presse pas et ne donne à aucun moment l'image d'un voleur en fuite. Il est tranquille.

« Quel culot ! »

Lionel lui emboîte le pas. Tout de suite, il comprend que le gamin se dirige vers la Loire. La grande rue, puis à gauche, deux fois à droite, et ils filent l'un derrière l'autre, dans une ruelle étroite de la vieille ville qui débouche sur le boulevard longeant le fleuve. Lionel anticipe le comportement du petit voleur :

« Il va prendre un bus et me filer entre les doigts. »

Lionel presse le pas et rejoint le garçon, qui ne se méfie pas, sans la moindre difficulté. Il le saisit par le bras. Le gamin fait volte-face et plante son regard dans celui de Lionel.

– Lâche-moi ou je crie !

– T'as volé le collier de la vieille dame. J'ai tout vu.

Lionel s'attendait à ce que le gamin nie, se rebelle, devienne tout rouge et s'effondre en suppliant. Au contraire, il le toise d'un regard provocateur :

– Et alors ? T'es de la police ?

Lionel est décontenancé. Il n'imaginait pas qu'un enfant puisse répondre avec autant d'assurance. L'autre en profite pour se dégager. Une fois libre, il n'essaie même pas de fuir. Il se retourne lentement et reprend tranquillement son chemin.

–Mais t'es incroyable, toi ! Hé, attends un peu.

Lionel revient à sa hauteur. On arrive sur le boulevard. Le flot des voitures et des camions qui suivent la Loire est bruyant.

–Mais, enfin, réponds-moi. Je t'ai vu voler le collier.

–Et moi, je te répète : t'es de la police ?

–Non, je ne suis pas de la police. D'abord, comment tu t'appelles ?

–Et toi ? rétorque le gamin en poursuivant son chemin.

Les rôles sont brusquement inversés. C'est Lionel qui répond maintenant aux questions et il se rend vite compte qu'il perd l'avantage :

–Moi… Moi, c'est Lionel. J'suis pas flic, j'suis… écrivain.

–Félicitations. Moi, c'est Mehdi. J'suis ni flic ni écrivain.

Des feux passent au rouge. Les voitures s'arrêtent. Mehdi regarde sur sa gauche, évite une Mobylette qui circule entre le trottoir et les voitures et traverse le boulevard en se faufilant à travers la circulation. Lionel suit de son mieux.

–Écrivain… C'est comment ton nom?

–Lionel Blanchet, mais je signe Nel White dans mes livres.

–T'as honte de dire ton vrai nom? ironise le gamin.

De l'autre côté du boulevard, un parking est aménagé sur les anciens quais du fleuve. Le garçon le traverse et avance jusqu'à la chaîne qui délimite l'espace et empêche les voitures de tomber à l'eau. Des bornes de fonte retiennent les chaînes. Il en avise une, s'assoit dessus et interroge d'un ton très assuré:

–Et alors, qu'est-ce que tu veux? Tu comptes me balancer? Tu veux tout raconter à la police?

–Non, non.

–Tu veux que je partage? T'as envie de me le piquer parce que tu sais que je ne dirai rien? C'est ça?

–Mais non…

Lionel reste debout. Il regarde le gosse et le trouve étonnant. Il est plein d'assurance, joue les durs, se comporte comme un très grand. Mais il y a les yeux. Même dans son roman, il n'aurait pas été possible de donner plus d'intensité au bleu-vert des yeux. Lionel hésite: ces yeux-là sont beaux, fragiles, purs. Ce ne sont pas des yeux de voyou. Il bredouille et ne trouve rien d'autre à dire que :

– Voler, c'est pas bien…

– Et crever de faim, c'est bien ? riposte l'autre.

– Non, mais…

Mehdi détaille Lionel, son visage creux et mal rasé, sa chevelure en broussaille, son caban fatigué, son jean râpé. En cinq secondes, il a compris.

– Peuh ! T'es un blaireau. Toi aussi, tu crèves de faim. J'suis sûr que ta carte bleue est dans l'rouge.

– Non, avoue Lionel. J'suis assez fauché en ce moment, mais je ne vole pas. C'est mal de voler. Ce collier, qu'est-ce que tu vas en faire maintenant ?

– T'occupe. Si c'est pas du toc, je trouverai bien le moyen d'en tirer deux ou trois cents balles.

– Et puis, tu vas t'acheter quoi avec ça ? Hein, réponds.

Mehdi tourne la tête et regarde l'eau qui coule. Il se ferme et devient subitement muet. En face, sur l'île, des canards s'envolent. Lionel poursuit.

– Tu vas t'acheter des CD nuls, ou des jeux vidéo ou des… Tu te rends compte ? Si ton père savait ça.

– Mon père… Y a longtemps qu'il s'est fait la valise.

–Ben, ta mère alors.

Mehdi hésite. L'évocation de sa mère ébranle l'assurance du gamin. Il baisse la tête, change de voix et lâche sourdement :

–Ma mère, elle est au chômage. L'argent, j'lui donnerai.

Il relève son beau visage et plante son regard clair dans celui de Lionel :

–Écrivain... Moi, je croyais que les écrivains, c'était bourré de fric. T'es pas écrivain... ou alors, t'es un écrivain nul.

Il hausse les épaules et demande soudain :

–T'as un ordinateur ?

–Évidemment...

–Ma sœur aussi en a un. Elle va avoir ses 20 ans le mois prochain. Elle est géniale, ma sœur. Tu peux pas imaginer. Tu sais ce qu'elle fait ?

–Je sais pas... vendeuse... caissière à Carrefour...

–Peuh ! T'es vraiment blaireau. Ma sœur, elle est en train de passer sa maîtrise de droit. Oui. Elle a pas encore 20 ans et elle va décrocher une maîtrise en droit. Tu sais peut-être même pas ce que c'est qu'une maîtrise en droit ! Seulement, pour l'avoir, elle bosse, tu peux pas imaginer. Des livres et des livres qu'elle est obligée d'apprendre par cœur. Elle veut rentrer à l'École de la magistrature à Bordeaux pour être juge pour enfants.

– Avec toi, elle peut déjà s'entraîner aux travaux pratiques, ironise Lionel.

Mehdi hausse les épaules et se tait. L'absence de paroles fait réapparaître les bruits de la circulation sur le boulevard. Lionel se dit que le gamin invente sans doute n'importe quoi, encore que toutes les précisions à propos des études de sa sœur semblent difficiles à inventer. Mehdi poursuit en baissant les yeux :

– L'ordinateur, elle en a besoin pour ses études. Toi qui en as aussi besoin, tu vas comprendre : la documentation, la préparation du mémoire, les cours. Seulement, l'ordinateur, y a six mois qu'on paie plus les traites, alors le magasin a porté plainte. On a reçu des lettres. Si on ne verse pas quelque chose avant la fin de la semaine, plus d'ordinateur ; ils le reprendront.

– … C'est pas une raison pour voler…

– Ma sœur travaille depuis des années chez McDo. Toute la journée, les cours, et de 19 heures à minuit, les hamburgers. Entre les deux, son travail personnel à la maison. Et malgré ça, elle a décroché sa licence l'année dernière. Depuis trois mois, elle a été obligée d'arrêter le McDo. La maîtrise et les hamburgers ensemble, c'est pas possible. Moi, je la remplacerais bien au McDo, mais je suis trop jeune.

Il balance la jambe dans le vide et joue à pousser un caillou blanc de la pointe du pied.

– L'ordinateur, faut qu'elle le garde, sinon elle ne pourra passer ni sa maîtrise ni le concours d'entrée à l'École de la magistrature. Le collier est bien moins utile à la bonne femme que l'ordinateur à ma sœur…

Lionel s'est assis à son tour. Le gamin n'a pas envie de détaler et lui n'a pas envie de le quitter. Ce qu'il entend ressemble à des mensonges et, pourtant, il y a une telle sincérité dans la voix qu'il reste perplexe.

Mehdi ramasse le caillou blanc et le jette dans la Loire. L'eau glisse en léchant le bord du quai. Par moments, un remous se forme, comme si une invisible bête aquatique se retournait sous la surface. Lionel repense à son roman. Il se dit que ce qu'il vit en ce moment est complètement fou, que sa pauvre tête travaille et lui joue un mauvais tour. Le gosse n'a pas offert un œillet, il n'a pas volé le collier et ne s'est pas caché dans le parking. C'est un mirage.

« Si ça se trouve, je suis tout seul sur le bord du quai et je parle dans le vide. »

Lionel regarde autour de lui, pris d'un doute affreux, comme s'il redoutait, en levant les yeux, de se retrouver au centre d'un cercle de badauds en train d'écouter les élucubrations d'un fou. Mais non, il n'y a personne d'autre que Mehdi qui balance toujours la jambe.

– N'empêche, c'est pas bien de voler ! réaffirme Lionel.

Le gamin hausse les épaules pour se dispenser de répondre. Il relève la manche de son blouson :

– Faut que j'y aille.

Mehdi pose ses deux mains sur la borne de fonte et bondit sur le sol comme s'il jouait à saute-mouton. Il tire sur son blouson et s'éloigne en levant le bras pour saluer Lionel.

– C'est bizarre, le coup de l'œillet, je l'avais jamais fait. L'idée m'est venue d'un coup, comme ça.

Il claque des doigts et sautille trois fois en direction du boulevard en lançant d'une voix un peu plus forte :

– C'est une bonne idée, j'la garde !

Il lève le pouce pour confirmer que c'est une trouvaille géniale, s'éloigne et disparaît aussitôt au milieu du flot des voitures.

5

Lionel reste un long moment sans bouger. Il regarde la Loire, le courant, les remous, les lourdes masses d'eau grise qui enflent à l'approche du pont. Le nouveau pouvoir qu'il se découvre l'émerveille.

« Fabuleux ! J'écris... l'histoire devient réalité. »

Le film des événements défile une nouvelle fois dans sa mémoire. Il revoit Mehdi, entend sa voix, essaie de l'imaginer avec sa mère au chômage et sa grande sœur qui va devenir juge pour enfants. Il voit le pauvre petit appartement, bien propre, impeccablement rangé, avec un petit napperon brodé au milieu de la table de la salle à manger, le réfrigérateur vide et les étagères désertes dans le placard avec seulement un paquet de nouilles aux trois quarts entamé. Il voit la grande sœur avec ses lunettes aux montures démodées, ses cheveux raides, laide, blanche et maigre, travaillant nuit et jour dans des livres de droit énormes. C'est la misère, mais il trouve que cette misère-là est belle à en pleurer et il en a le cœur aussi attendri que s'il venait de relire *Les Misérables* ou *La Petite Fille aux allumettes*. Il tourne la tête vers le boulevard ; il lui semble revoir l'enfant s'éloigner en lui parlant de l'œillet et se fondre comme un mirage dans la ville. Il sursaute.

« L'œillet ! Malheureux ! Il va refaire le coup. Après le collier, il va faire d'autres bêtises ! »

Lionel devient sévère avec lui-même et se réprimande avec dureté.

« Idiot ! Tu as avalé tous ses mensonges. Tu sais ce qu'il va faire ? Il va se procurer d'autres œillets. Il les offrira à des vieilles dames et il volera leur collier. Et qui a eu la bonne idée de lui apprendre ce truc de voyou ? C'est toi ! Et qui risque d'être attrapé, battu, arrêté, mis en prison ? C'est Mehdi ! Et qui est responsable ? C'est toi ! »

Il se lève et prend la direction de sa maison. Il marche vite, se parlant à mi-voix, sans se soucier des passants qui s'étonnent de ses gestes incompréhensibles et de ses paroles marmonnées sourdement.

« Tu es un monstre, se sermonne-t-il. Tu as voulu jouer à l'apprenti sorcier, et c'est le gosse qui risque d'être puni. À cause de toi... »

Il stoppe au milieu du trottoir et, au grand étonnement des gens qui passent, il se donne une claque sur la joue en disant à haute voix :

– Celle-là, tu l'as pas volée !

Il repart en se grondant. Les gens sourient. Lionel remonte le quai du Châtelet, traverse le pont George-V au milieu d'un concert de Klaxon qu'il ne semble pas entendre et s'engage dans les petites rues. Dès qu'il a claqué la porte de son appartement, il s'assoit et allume son ordinateur. Instinctivement, il pousse la pointe de son pied droit contre le talon de sa chaussure gauche et l'ôte. Puis il inverse la manœuvre et déchausse l'autre pied. L'écran s'éclaire. Le ventilateur du disque dur ronronne. Lionel repousse des feuilles de papier, cherche, pique une cacahuète dans le paquet caché sous le fouillis, se l'envoie dans la bouche et l'écrase immédiatement. Il s'irrite de tant d'énervement, se penche, glisse sa main vers son pied droit et retire une chaussette, puis l'autre. Ses orteils partent à la recherche des vieilles pantoufles qui traînent probablement dans les environs. Il tape :

Mehdi – le garçon s'appelait Mehdi – eut envie de renouveler le truc de l'œillet. Il abandonna subitement Lionel et parcourut la ville à la recherche de...

Ses doigts s'immobilisent. Une pensée lui traverse l'esprit :

« Non, ce n'est pas Lionel qu'il abandonne. C'est Nel White. Si je marque Lionel, ça ne marchera pas. »

Il reste pensif : c'est évident, le pouvoir est détenu par le romancier, donc par Nel White. Seules les actions prévues quand il écrit se réalisent. Lionel Blanchet, lui, est totalement impuissant. Il corrige la phrase et poursuit :

Il abandonna subitement Nel White et parcourut la ville à la recherche d'œillets. Mais, à cette heure, aucun fleuriste n'en proposait plus. Il marcha ainsi des kilomètres à travers la ville, jusqu'à ce que, affamé et à bout de forces, il se rende compte que l'heure de la fermeture des magasins était dépassée. Il rentra chez lui. Sa mère n'était pas encore revenue. Sa grande sœur étudiait dans un énorme livre intitulé « Droit des entreprises ».

–Maman avait un rendez-vous dans une boîte d'intérim, lui lança sa sœur. On lui a dit qu'ils recherchent une standardiste.

Mehdi ôta son blouson. Il plongea la main dans la poche. Le collier n'y était plus. Sans doute l'avait-il perdu en route. Sans doute une personne honnête l'avait-elle trouvé pour le porter au commissariat. La fatigue et la faim l'accablaient. Il s'allongea sur son lit et s'endormit.

Lionel appuie sur la touche « Enregistrement ». Il se relève et se frotte les mains.

« Au moins, il ne fera pas de bêtises. Pas ce soir en tout cas… »

Lionel se sent l'esprit léger. Il est soulagé. Demain matin, le gamin se réveillera, partira à sept heures et demie et restera au collège jusqu'au soir. Tranquille pour 24 heures ! Se sentir responsable, coupable même, des mauvaises actions du garçon devient insupportable. Lionel reprend une cacahuète et la roule dans sa bouche. Cette fois, il est plus détendu et il sent qu'il ne va pas l'écraser entre ses molaires. La vieille chatte saute sur la table, marche en faisant le gros dos pour indiquer l'endroit où elle veut se faire caresser. Lionel tend la main, lisse le poil de l'animal et lui confie :

–Il va en faire une tête tout à l'heure quand il rentrera et qu'il se rendra compte qu'il a perdu le collier. Pauvre Medhi ! Mais enfin, je ne peux pas le laisser devenir un voyou qui attaque les grand-mères. Qu'est-ce qu'il deviendrait plus tard ?

Il secoue la tête comme pour s'innocenter et ajoute :

– Et moi, qu'est-ce que je deviendrais si je le laissais faire ?

Une inquiétude continue cependant à l'habiter : et si tout ce que lui a dit Mehdi était pure invention ? Son père est-il parti ? Sa mère est-elle au chômage ? A-t-il réellement une grande sœur si brillante dans ses études ? Mehdi ne justifie-t-il pas ses vols par une foule de bonnes raisons attendrissantes alors qu'il n'est peut-être qu'un sale gamin, de la graine de... racaille ?

Malgré toutes ces questions, le regard lumineux de Mehdi illumine sa mémoire et sa voix emplit la tête du romancier. C'est drôle, il ne connaît Mehdi que depuis quelques heures et, pourtant, le garçon lui manque comme s'il le côtoyait depuis des années, comme si c'était quelqu'un de sa famille.

Le curseur clignote juste après le mot « *s'endormit* ». Lionel approche la main de la souris ; c'est si facile pour lui de revoir Mehdi. Il suffit d'ajouter deux ou trois phrases à l'histoire. Les doigts glissent sur le clavier et caressent les touches :

Mehdi passa toute la journée du lendemain au collège. À 17 heures, quand la sonnerie annonça la fin du dernier cours, le garçon jeta son sac sur l'épaule et rejoignit la Loire. Face aux Halles, assis sur un banc, Nel White l'attendait.

Lionel s'appuie contre le dossier de la chaise.

« Le pauvre ; la ville est grande. Son collège se trouve peut-être à une heure de marche. »

Il se dit qu'il n'a pas le droit d'imposer une telle fatigue à un enfant. Il saisit la souris, positionne le curseur juste après « *l'épaule* » et ajoute : « *monta dans un bus* ».

6

Le lendemain, Lionel part au rendez-vous dès 16 heures. Toute la soirée de la veille, la nuit et la journée, il n'a rien pu faire. La logique le conduit à chaque instant à déduire qu'il est pris de folie, que ce Mehdi est un personnage virtuel, un personnage de roman comme il en a déjà inventé des dizaines, qu'il n'existe pas et que lui, Lionel, ferait mieux d'aller consulter un psychiatre. D'ailleurs, s'il n'y a personne au rendez-vous ce soir, il s'est juré d'être raisonnable, de se rendre à l'évidence et de téléphoner à son médecin.

Lionel attend longtemps. Heureusement, la Loire offre un spectacle qui se renouvelle sans cesse. Aujourd'hui le fleuve est épais comme une coulée de lave. On dirait que l'eau est grasse et coule avec lourdeur. Même les cormorans et les mouettes semblent massifs ; ils volent à ras du courant à lents battements d'ailes.

Une heure ou deux passent (Lionel ne sait pas : il ne porte pas de montre). Puis une voix le tire de sa rêverie :

– Qu'est-ce que tu fais là ?

C'est Mehdi. Lionel lève les yeux, nullement surpris. La présence du garçon le réconforte et le rassure.

– Je t'attendais.

– Tu m'attendais ? s'étonne Mehdi en faisant glisser le sac qu'il porte sur l'épaule. Je ne viens jamais par là en sortant du collège. Comment tu pouvais savoir ?

– Je savais…

Le garçon monte sur le banc et s'assied sur le dossier. Il est haut perché, ce qui oblige Lionel à se tordre le cou pour le regarder. Le gamin paraît fatigué, triste, tourmenté.

– Ça va pas ? demande Lionel.

– M'en parle pas. Une journée d'enfer !

Mehdi pose son sac à côté de Lionel. Il se passe la main sur les yeux et les frotte, comme s'il voulait arracher une fatigue désagréable. Lionel pense au collier, mais il n'ose pas poser de questions, de peur que le garçon devine qu'il est responsable de cette perte. Heureusement, Mehdi parle le premier.

– 1 sur 20 ! Voilà la note que j'ai eue en géographie aujourd'hui. Et tu voudrais que je saute de joie.

– Moi non plus, l'école, ce n'était pas mon truc… glisse Lionel pour tenter de le consoler.

Mehdi hausse les épaules et fait, avec les mains, un geste pour montrer qu'il est vexé d'être catalogué mauvais élève.

– Tu me prends pour un nul ou quoi ? D'habitude, j'ai des 18 ou des 20. Et pas seulement en géographie, dans toutes les autres matières aussi. Qu'est-ce que tu crois, j'ai eu les félicitations du conseil de classe le trimestre dernier.

Mehdi tire sur la courroie de son sac, plonge la main à l'intérieur et en sort un carnet de correspondance vert. Lionel entrevoit un emploi du temps et une photo au dos. Mehdi ouvre le carnet de notes et le lui tend.

– Regarde si c'est le carnet d'un nul.

Les notes sont effectivement très bonnes, excellentes même en anglais et en math.

– Remarque, poursuit le garçon, c'est ma faute. Le prof avait annoncé le contrôle. On avait cinq chapitres à apprendre. J'ai voulu faire le malin et j'en ai étudié seulement un. J'ai parié, j'ai perdu. Toute la classe a de mauvaises notes. Le prof a dit qu'il nous donnait une chance de nous rattraper mais que les questions seraient serrées. Il y aura un nouveau contrôle demain matin. Il va falloir que je bosse dur ce soir. Les parents de tous ceux qui n'auront pas la moyenne seront convoqués.

Lionel écoute Mehdi parler de son professeur et de ses notes et s'étonne de tant de respect et de sérieux. Avec une note aussi mauvaise, il aurait été moins surpris si Mehdi s'était plaint des profs nuls qui notent à la tête du client. Mehdi poursuit :

– Pour voir les profs, ma sœur accompagne toujours ma mère. Tu vois un prof dire à ma sœur que je n'apprends pas mes cours, que mes notes sont dans le rouge et qu'il faut que je réagisse ? La honte pour ma sœur ! Elle qui a eu son bac à 16 ans avec mention « très bien » avec 18,94 de moyenne ! À six centièmes de point, elle a raté « très bien avec félicitations du jury ». Toi qu'es écrivain, t'as eu ton bac avec « félicitations du jury » ?

Lionel tourne la tête. Son bac... non, il l'a eu... normalement, comme tout le monde, sans médaille ni ruban bleu-blanc-rouge.

– Tu vas te rattraper demain, assure Lionel.

– Tout ça, c'est à cause du temps que j'ai perdu hier. J'sais pas ce qui m'a pris avec le coup des œillets, mais j'ai perdu plusieurs heures. D'ailleurs, ça m'a pas porté bonheur ; le collier, je l'ai perdu ! Dans le fond, j'aime autant ça ; tu imagines si ma sœur l'avait trouvé dans ma poche ?

Du coup, Lionel se sent honteux. Il se tait. Tout est sa faute. S'il n'avait pas eu la mauvaise idée d'écrire cette histoire d'œillets, Mehdi n'aurait pas perdu son temps à courir la ville. Il aurait appris ses cours, aurait eu une bonne note et ne serait pas tourmenté par un vol qu'il n'a pas vraiment prémédité. Il se sent tellement mal à l'aise qu'il lève les yeux vers le garçon et avoue :

– Écoute, le coup des œillets, c'est pas ta faute, c'est la mienne. C'est moi qui ai tout manigancé. Je savais tout à l'avance.

Mehdi ouvre des yeux moqueurs et éclate :

– Ouaahhh ! Le magicien !

Il se force à rire tout en haussant les épaules. Il croit vraiment que Lionel se moque de lui.

– Évidemment, c'est dur à croire, mais c'est vrai. Tu ne viens jamais ici après le collège et, pourtant, ce soir tu es venu. Je savais que tu allais venir, parce que c'est moi qui l'ai voulu. C'est pour cette raison que je t'attendais.

Lionel se souvient des scrupules qu'il a eus la veille au soir en écrivant le rendez-vous et de la courte rectification qu'il a opérée pour que Mehdi ne se fatigue pas à marcher pendant une heure. Il sourit :

– Je peux même te dire que tu as pris un bus…

– Tu parles d'une preuve ! Je prends le bus une demi-douzaine de fois par jour…

L'attention de Mehdi est en alerte. Il ne croit pas encore, mais il se pose des questions. Lionel a l'impression que l'enfant est intrigué par cette révélation loufoque. Il se lève, lui fait face et pointe son doigt jusqu'à toucher le blouson au niveau de la poitrine :

– Je peux même te dire ce que tu as fait hier soir après que tu as détalé comme un lapin. Tu as couru la ville à la recherche d'un fleuriste parce que tu avais envie de refaire le coup de l'œillet. Seulement, des œillets, tu n'en as pas trouvé. Alors tu es rentré chez toi. Ta mère n'était pas arrivée. Ta sœur était en train de potasser un livre…

Lionel s'arrête pour mieux observer. Mehdi ne réagit pas vraiment. Il plisse les yeux, les lèvres et hoche doucement la tête d'un air de dire « Chapeau, je ne sais pas comment tu fais, mais c'est un beau numéro ! » Lionel remarque cette hésitation et poursuit sans lâcher l'enfant des yeux :

– Son livre, c'était… « Droit des entreprises »… et elle t'a dit que ta mère était partie dans une boîte d'intérim où on proposait une place de… standardiste…

– … !!!

– Tu as enlevé ton blouson et c'est à ce moment-là que tu t'es aperçu que tu avais perdu le collier…

Cette fois, Mehdi accuse le coup. Il n'est pas K.-O., mais il est comme un boxeur qui vient d'encaisser un direct. Il reste muet, n'osant plus contester les affirmations de ce diable d'écrivain qui ne devrait absolument pas connaître tous ces détails. Il réfléchit, se demande comment Lionel aurait pu apprendre tout cela et ne trouve aucune explication. Lionel monte sur le banc et s'assied sur le dossier à hauteur du garçon. Il pose les coudes sur ses genoux et croise les doigts.

– Je vais te faire une confidence. La première fois, moi aussi j'ai été sacrément surpris. C'est complètement loufoque, mais c'est la vérité. J'écris, ça se réalise. Jusqu'à ce que tu arrives, j'ai même cru que j'étais fou et, si tu n'étais pas venu, je m'étais juré d'aller voir un psychiatre.

Mehdi tourne la tête. Ses yeux sont incrédules comme deux gros points d'interrogation et, pourtant, la simple hypothèse que cela puisse être vrai semble le ravir. Il tape sur l'épaule de Lionel et lui lance :

– Salaud ! Sur la place, il y a souvent des flics. Avec le coup de l'œillet, tu aurais pu m'envoyer en prison !

Lionel se sent honteux.

– Je savais pas encore… J'l'avais pas fait exprès…

Mehdi hoche la tête, réfléchit, fronce les sourcils, puis il part d'un grand éclat de rire et donne une nouvelle claque sur l'épaule de Lionel :

– J'sais pas comment tu as fait, mais ton numéro est bien au point. Tu m'en as mis plein la vue. Dans ton genre, t'es un champion. Et moi qui t'avais pris pour un blaireau ! Maintenant, dis-moi comment tu fais.

Lionel se laisse glisser afin de reprendre une position assise normale sur le banc. Mehdi ne le croit pas, c'est évident et cela l'attriste. C'est toujours difficile quand les autres ne vous croient pas.

– L'ennui, c'est que ce n'est pas un numéro… proteste-t-il mollement.

– Correct. Tu veux pas dévoiler ton truc. C'est ton droit.

Mehdi saute sur le sol et fait quelques pas pour se dégourdir les jambes. Il jette de courts regards vers Lionel et un sourire malicieux s'allume brusquement au coin de sa bouche. Il frappe dans ses mains et lève un pouce en l'air.

–OK! T'es un écrivain spécial. D'accord, j'te crois.

Il revient vers Lionel, un sourire malin accroché au regard et lance d'un ton très provocateur:

–Ce soir, j'ai le choix entre survoler les quatre chapitres que je n'ai pas étudiés en géo ou en bosser un seul à fond. Survoler les quatre, ça doit me suffire pour assurer la moyenne. En bosser un seul sérieusement, ça doit valoir entre 18 et 20. À condition que le prof ait la bonne idée de donner ce chapitre-là en interro, évidemment…

–… Évidemment… répète Lionel qui entrevoit immédiatement l'idée de Mehdi.

Ils se regardent, sourient, puis partent tous les deux d'un même immense éclat de rire. Lionel frappe l'épaule de Mehdi.

–OK! Choisis ton chapitre.

Mehdi s'arrête une fraction de seconde, réfléchit, hésite, ouvre ses grands yeux lumineux, rit à nouveau et lui rend sa bourrade.

– « Une métropole d'un pays pauvre : Le Caire. » On n'a pas une chance sur cent de tomber sur celui-là ! Ah, ah, ah !

Le rire de Mehdi ramène la bonne humeur dans le cœur de Lionel. Le garçon le provoque, c'est clair, mais il est tellement sûr de sortir vainqueur de l'épreuve qu'un flot de joie monte en lui. Mehdi continue de rire. Il décroche la bretelle de son sac et amorce un départ rapide, comme la veille.

– Demain soir, ici, à la même heure. Celui qui perd invite l'autre au McDo.

Il s'élance vers le boulevard, se retourne, sautille et lance avant de disparaître au milieu des voitures :

– D'la tune, j'en ai pas, mais je crois pas que j'en aurai besoin.

Lionel balance la tête. La Loire coule à ses pieds. La Loire a toujours été sa confidente. Pour ses romans, quand il est en panne d'idées, il longe les berges, lui parle, et elle l'inspire.

C'est drôle, maintenant l'eau semble légère comme celle d'un ruisseau de montagne.

7

Le lendemain, Lionel est le premier au rendez-vous. Il voit arriver Mehdi de très loin. Arrivé à sa hauteur, Mehdi lui annonce d'emblée :

– « Une métropole d'un pays pauvre : Le Caire. » J'ai fini plus d'une heure avant les autres. Le prof a eu le temps de corriger mon devoir en attendant la sonnerie. 19,5 !

Mehdi laisse tomber ses fesses sur le banc. Il n'en est pas encore revenu. Cette fois, il est estomaqué. Ce n'est pas un direct, mais un uppercut gros comme une cathédrale qu'il a encaissé.

– Je le savais, commente Lionel.

– Pas une chance sur cent qu'on tombe sur ce chapitre et là, pile-poil, « Le Caire » ! C'est incroyable. T'as vraiment écrit que le prof donnait ce sujet ?

–Oui… Tu veux que je te dise toutes les questions ?

–Peuh ! Pas la peine… 19,5 ! Et encore, c'est parce que je t'ai pas cru. Hier soir, j'ai perdu du temps à jeter un petit coup d'œil sur les autres chapitres, pour assurer. À la fin, je me disais que tu frimais et que j'allais me planter si je mordais dans tes histoires.

Lionel ne répond pas. Il pose sa main sur la tête de Mehdi et ébouriffe les cheveux du gamin. Il est content. Content parce que Mehdi a une très bonne note, parce qu'il a réussi à le convaincre et qu'il n'y a rien de plus réjouissant que de partager un secret, parce qu'il a gagné. Gagné. Mais Lionel ne s'est jamais pris pour Jules César et son succès confirme un nouveau pouvoir qui l'effraie.

–J'ai perdu, poursuit Mehdi, mais de toute façon, à moins de refaire le coup de l'œillet, j'peux pas t'payer le McDo. J'ai pas d'argent.

Mehdi se relève et glisse son pouce entre son anorak et la bretelle de son sac. Lionel lui tape sur l'épaule, un modeste sourire aux lèvres.

–Te creuse pas la tête, c'est moi qui t'invite.

Il l'entraîne vers le centre-ville. Ils marchent doucement, côte à côte, parlent, s'étonnent ensemble, se racontent des trucs comme s'ils étaient copains depuis toujours.

– Tu vas rire, dit Mehdi, mais je ne te croyais pas non plus quand tu disais que tu étais écrivain. Sais-tu ce que j'ai fait pour vérifier ? Je suis allé à la médiathèque et j'ai cherché dans l'ordinateur à White, pour voir. Nel White. J'avais pas oublié. J'ai trouvé tes bouquins.

Il s'arrête au milieu de la rue, fouille dans son sac et en ressort un livre qui s'intitule *Le Caméléon bleu*. Le dos est agrémenté d'une pastille verte portant les références WHI 737. Mehdi retourne le livre. La photo de Lionel figure sur la quatrième de couverture.

– C'est bien toi, pas de doute.

Ils remontent les petites rues, débouchent dans les artères commerçantes où les gens se pressent sur les trottoirs, gagne la rue de Bourgogne, là où se regroupent une grande quantité de restaurants. Lionel s'arrête devant la devanture rouge et blanche d'un fast-food.

– Entre, dit Lionel. On va fêter ton 19,5.

Accroché au mur et jouant le rôle de carte, un panneau annonce la petite douzaine de spécialités de la maison.

– Prends ce qui te fait plaisir, dit Lionel. C'est moi qui paie.

–Vrai, tu paies ? répond Mehdi, manifestement très heureux d'entrer dans un endroit qu'il ne connaît que de l'extérieur.

–Fais-toi plaisir !

Mehdi ne se fait pas prier. Il commande un double cheese-burger, des chicken-nuggets, des frites et un milk-shake… Les yeux du gamin brillent. Lionel est content.

–Coca-Cola ? demande le jeune serveur.

–Un grand, avec une paille.

Lionel commande des spaghettis bolognaise et une bière. Dès le début, Mehdi pioche à belle main dans les frites, aspire le Coca, goûte les nuggets. C'est à peine si Lionel pense à manger tant il est absorbé par le spectacle.

–Dis donc, on dirait que tu as faim !

–J'ai pas mangé ce midi…

–Y a pas de cantine dans ton collège ?

–Si, mais j'y vais plus…

–C'est pas bon ?

–Ma mère peut plus payer.

Lionel est révolté par cette situation. Lui non plus ne mange pas souvent le midi, mais ce n'est pas pareil. Il est adulte. Un enfant…

–Je lui ai dit que c'était le chambard et que je ne voulais plus y manger pour qu'elle n'aille pas pleurer auprès de l'assistante sociale. J'aime pas les machins pour les pauvres.

–Et au collège, ça ne les a pas étonnés ?

–J'ai dit que maintenant je rentrais à la maison.

–Et finalement, tu ne manges pas du tout ?

–Si… J'emporte un casse-croûte et je le mange en me baladant en ville.

Mehdi ingurgite son double cheese-burger et le fait descendre à grandes aspirations de Coca. Il croque les nuggets. Petit à petit, les emballages restent orphelins de ce qu'ils contenaient. Mehdi s'arrête et reprend son souffle avant d'entamer la dégustation de son milk-shake. C'est à ce moment qu'il redevient bavard.

–C'est sympa de m'avoir amené ici. Je passe souvent dans cette rue, mais je n'étais jamais rentré. Tu y viens souvent, toi ?

–Non.

–Pas étonnant. Avec l'argent que tu dois te faire, c'est pas le genre d'endroit pour toi. Tu dois te payer des restos plus chics, avec des étoiles et des serveuses en noir.

Lionel hausse les épaules. Il se retient d'avouer que lui non plus n'a pas un sou et qu'il ne mange que des nouilles et du riz. Mehdi entasse les serviettes sales et les emballages des nuggets et referme la boîte qui protégeait le hamburger. Avec la pointe de la paille du Coca, il rassemble les miettes et les petits bouts de frites grillées.

– C'est mieux qu'on soit venus ici. Si tu m'avais emmené au McDo, je serais pas rentré. Ma sœur… elle y est retournée. Elle travaille à cette heure-là.

– Tu m'avais dit qu'elle avait arrêté parce qu'elle ne pouvait pas travailler et étudier en même temps.

– Demain matin à dix heures, l'huissier viendra avec le commissaire de police. Ils reprendront l'ordinateur qu'on n'a pas payé. On a reçu une dernière lettre recommandée… Cette fois, c'est la fin.

Mehdi s'assombrit brutalement. Son visage se ferme et ses yeux perdent de leur brillance. Au moment de commander le double cheese-burger, son regard flambait et Lionel pouvait y lire la joie comme au travers d'une fenêtre. Maintenant, c'est comme si Mehdi venait de fermer les rideaux.

– Alors, elle est repartie bosser. Elle espère qu'on va lui avancer un peu d'argent et qu'avec, elle pourra gagner du temps et calmer l'huissier. Je crois pas qu'on lui avancera des sous. Et même, ce serait pas suffisant.

– Comment elle va se débrouiller ?

Mehdi détourne le regard vers la rue. Il n'a pas envie d'en dire davantage. C'est si difficile d'ouvrir son cœur, d'avouer qu'on ne mange pas à sa faim, qu'on n'a pas de sous, que des problèmes insignifiants pourrissent la vie d'une sœur qui va pourtant devenir juge pour enfants, peut-être même la plus jeune juge pour enfants en France. Peut-être même regrette-t-il d'en avoir déjà autant raconté. Ce qui se passe chez lui ne regarde personne. Lionel garde le silence. Quelques minutes passent, puis, brusquement, Mehdi se retourne. Son œil s'est rallumé, et il lance :

– Un écrivain, c'est plein aux as. Si tu lui prêtais un peu d'argent, à ma sœur ? Juste le temps de passer son examen. Après, on te le rend.

– Si je pouvais... regrette-t-il.

Mehdi n'est pas convaincu. Lionel ramasse le ticket que le serveur a abandonné dans son plateau et le lit : « 178 F ». Il le retourne, prend un stylo et écrit : « 178 – 17,28 = 160,72 ». Puis il présente le ticket à Mehdi et commente :

– Quand j'aurai payé le resto, mon compte sera dans le rouge. Voilà le futur montant de mon découvert. À partir d'aujourd'hui, je devrai 160,72 F à la banque.

– Menteur...

– Je te jure.

– Alors, tu vas signer un chèque sans provision ?

– Qu'est-ce que tu veux que je fasse d'autre ? Que je fasse la vaisselle ? Je m'arrangerai avec la banque. Et puis, si j'écris un livre, j'aurai peut-être un chèque…

Le serveur va d'une table à l'autre. Il est en train de servir des frites. Mehdi l'observe et ne peut s'empêcher de plisser les yeux. Son regard devient malicieux. En attendant que Lionel termine ses spaghettis et sirote son dernier centilitre de bière, il ouvre son sac et sort à nouveau le livre qu'il a emprunté à la médiathèque. Il relit à mi-voix le titre qui s'inscrit en blanc sur une couverture entièrement bleue, émet un court sifflement pour manifester son admiration, tourne le livre, observe la photo de l'auteur, tord les pages et les laisse défiler entre ses doigts.

– Il est beau. Je vais le lire.

– Merci.

Puis, il enchaîne d'une voix énigmatique :

– Picasso, quand il payait avec un chèque, il paraît que les commerçants étaient tellement contents d'avoir un autographe de lui qu'ils ne l'encaissaient jamais. Il paraît que les gens célèbres, on n'encaisse jamais leurs chèques. Si on lui met le livre sous le nez, je suis sûr que le garçon va faire pareil.

– … M'étonnerait… répond Lionel en buvant la dernière gorgée de bière.

Lionel repousse son assiette, se passe la main sur le ventre pour chasser d'éventuelles miettes, extirpe son chéquier de la poche intérieure de sa veste et commence à écrire en lettres fines « cent soixante-dix-huit francs ». Mehdi suit la pointe du stylo et revient à sa première idée, celle de l'ordinateur :

– Dis donc, puisque tu peux arranger une interro de géo, tu ne pourrais pas faire quelque chose pour l'huissier ? Un petit coup de chance. J'sais pas, moi, une grippe, ou un petit chèque qui arrive, ou autre chose. Enfin, une histoire qui finit bien. Un écrivain, ça ne doit pas manquer d'imagination.

Le stylo s'immobilise un instant, puis repart lentement. Les idées se chevauchent dans la tête de Lionel, et c'est pour se donner le temps d'y mettre un peu d'ordre qu'il écrit lentement la date et signe avec beaucoup d'application.

– Pour toi, ce serait facile. Cinq ou six lignes, et c'est arrangé.

Au moment où Lionel détache le chèque, le serveur passe près de la table.

Il prend le ticket et tend la main :

– 178 F... merci

Lionel présente le chèque. À ce moment, Mehdi arrête le bras du serveur et dit :

– La signature sur le chèque, vous savez qui c'est ?

Le serveur s'étonne, déduit des paroles de Mehdi qu'il n'a pas reconnu un personnage très important, lit sur le chèque, regarde désespérément Lionel avec le secret espoir de découvrir en face de lui Zidane, Arthur ou une vedette qui passe à la télé :

– Lionel Blanchet... Non... Ça me branche pas.

– Nel White. Le célèbre écrivain.

Mehdi montre *Le Caméléon bleu*, mettant bien en évidence la photo de la quatrième de couverture.

– Il y en a qui se battraient pour avoir son autographe.

La chance n'est pas au rendez-vous. Le serveur doit faire partie de ces 14 % de gens qui n'ouvrent jamais un livre. Il fait une moue pour confirmer son ignorance. La célébrité de Lionel en prend un coup d'autant plus grand que le serveur ajoute :

– Vous avez pas du liquide. En principe, ici, on n'accepte pas les chèques.

8

Évidemment, il serait facile d'allumer l'ordinateur et d'écrire quelques lignes pour résoudre l'histoire de l'huissier. Mais cette pensée met Lionel de mauvaise humeur.

« C'est du chantage. »

Il est fâché. Il ronchonne qu'il ne marche pas au coup de sifflet, qu'il n'a pas d'ordre à recevoir. Au fast-food, plus Mehdi insistait, plus le serveur se montrait soupçonneux. D'ailleurs, les paroles du gamin sonnaient tellement faux que Lionel s'est demandé un instant s'il ne se moquait pas de lui. Le serveur a fini par appeler le patron qui a essayé de téléphoner à la banque pour vérifier qu'il y avait bien de l'argent sur ce compte-là.

« Heureusement qu'elle était fermée, sinon j'étais bon pour me taper la vaisselle ! »

Lionel ne veut pas se l'avouer, mais il enrage aussi parce qu'il se sent prisonnier. Il redoute d'écrire une ligne de peur de la voir se transformer en réalité. D'ordinaire, quand il écrit une histoire, tous les personnages lui obéissent comme des marionnettes, prononcent les paroles qu'il veut entendre, pensent ce qu'il ordonne. Comment, maintenant, pourrait-il tolérer que les rôles soient inversés et que lui, le romancier, devienne l'esclave d'un gamin-dictateur exigeant, autoritaire ? C'est insensé.

La chatte l'agace aussi. Elle est assise près de l'ordinateur, droite, provocante, muette, et ses yeux verts sont comme deux espions qui guettent le moindre de ses gestes.

« Si ça se trouve, il n'a même pas de sœur ! »

La chatte est assise. Lionel s'en irrite et la repousse en marmonnant des récriminations. L'animal enfle le dos, puis se rassoit un peu plus loin, sur les feuilles en désordre. Lionel tend la main pour saisir le paquet de cacahuètes à moitié éventré. Ses doigts frôlent le clavier de l'ordinateur tout proche. Il s'étonne, résiste et hausse les épaules. Il prend le sachet et va s'allonger sur son lit. Tout en fixant le plafond, il attrape les cacahuètes une à une et les croque sans aucune retenue. Les graines salées craquent sous la dent et réveillent une faim pressante. Il prend les cacahuètes deux par deux, puis trois par trois... Pendant quelques minutes, le travail de ses mâchoires accapare totalement son esprit. Puis, quand le sel satisfait et engourdit ses papilles, les idées se faufilent et s'imposent à nouveau. Du coup, il éprouve une sorte de malaise. D'un côté, les problèmes de Mehdi apparaissent énormes, dramatiques; de l'autre, il y a ce pouvoir qu'il détient et qui lui permet de tout résoudre en quelques mots. Dans un plateau de la balance, il y a une formidable montagne, dans l'autre, une plume.

« Et moi, je chipote, sous prétexte que j'ai vaguement l'impression de perdre ma liberté... parce que je crois percevoir un ordre... »

Lionel a soudain honte de lui. Comment peut-il manger tranquillement des cacahuètes tandis que Mehdi et sa famille souffrent ? Il s'assied et met l'ordinateur en route. La chatte penche la tête, muette mais triomphante, comme pour lui dire que, depuis le début, elle savait qu'il allait craquer et qu'elle attendait ce moment où elle le verrait faible et soumis.

Machinalement, il pique une cacahuète qui traîne dans le fouillis de papier, se l'envoie dans la bouche et la fait tournicoter entre ses molaires sans l'écraser. Il glisse sa main vers son pied et retire une chaussette. Ses orteils recherchent la vieille pantoufle. Le menu s'affiche. Il clique pour ouvrir son texte. Maintenant, il faut y aller…

« L'important, c'est que sa sœur puisse conserver l'ordinateur. Il lui faut donc de l'argent. »

La sœur de Mehdi, qui s'appelait…

« Je ne sais même pas comment elle s'appelle ! » se lamente Lionel.

La sœur de Mehdi avait un nom qui évoquait l'Orient des Mille et Une Nuits. *Elle préparait une maîtrise de droit et ne rêvait que d'une chose : réussir le concours d'entrée à l'École de la magistrature de Bordeaux. Difficile, mais à sa portée.*

« Je ne commande plus rien ; je me contente de rédiger ce que Mehdi m'a raconté ! T'es derrière, mon pauvre Lionel ! Tu suis, comme un toutou ! »

Il balance la tête en signe d'impuissance et continue :

… *Difficile, mais à sa portée. N'avait-elle pas obtenu sa licence à 19 ans ? Chaque jour, tandis qu'elle étudiait, ingurgitant des pages et des pages de droit, Mehdi mon-*

tait une sorte de garde, veillant à ce que rien ne dérange cette sœur adorée à laquelle il vouait une admiration sans bornes. Son mémoire de maîtrise, qu'elle préparait depuis des mois sur un ordinateur acheté à crédit dans un grand magasin, avançait bien.

Seulement, une semaine au moins lui était encore nécessaire et l'huissier avait envoyé une dernière lettre recommandée : dès le lendemain matin, accompagné du commissaire de police et de plusieurs gendarmes, il reprendrait l'ordinateur dont on n'avait pas réglé les traites depuis plusieurs mois, à moins qu'au dernier moment on puisse payer. Cette pensée tourmenta Mehdi pendant toute la journée. Il cherchait mille et une façons de se procurer de l'argent.

Lionel s'arrête, croise les doigts et les fait craquer. Comment régler cette affaire ? Certes, deux phrases peuvent arranger les choses. Il suffit que Mehdi trouve de l'argent dans la rue, qu'il soit récompensé pour un acte de courage exceptionnel (pourquoi ne sauverait-il pas un petit enfant tombé dans la Loire ?) ou qu'il reçoive un cadeau inattendu de son oncle. Mais dans ce cas, lui, Lionel, se soumettrait à la volonté du gamin et il ne voulait pas céder à ce chantage.

Le lendemain, fort heureusement, l'huissier ne vint pas. Une forte grippe l'avait cloué au lit et…

« Mehdi ne peut pas savoir que l'huissier sera grippé demain matin, réfléchit Lionel. Ça ne colle pas. Ce soir, il est fichu de refaire le coup de l'œillet pour se procurer des sous. »

Une idée surgit. Il sourit et efface sa dernière phrase. Il a trouvé la solution qui résoudra le problème sans pour autant lui faire perdre la face :

Mehdi marchait la tête basse. Comme il hésitait à rentrer, il alla à la rencontre de sa mère qui avait un énième rendez-vous. Dès qu'il l'aperçut, il courut pour la rejoindre. Elle avait un large sourire aux lèvres, avec dans la voix l'excitation de quelqu'un qui vient enfin d'avoir un coup de chance. Mehdi crut tout d'abord qu'elle avait décroché un travail.

–Non, mais j'ai l'argent pour l'huissier. Ta sœur va pouvoir garder l'ordinateur. Je suis allée retirer de l'argent au distributeur de billets et devine ce qui m'est arrivé !

–…

–Je n'avais plus que 113 F sur mon compte, alors je n'ai demandé que 100 F. Au moment de cracher le billet, la machine a dû se dérégler. Regarde… 1 000 F !

Et sa mère sortit dix billets tout neufs qu'elle étala en éventail pour qu'il puisse mieux les compter.

« Et toc ! J'ai pas cédé ! » triomphe Lionel en appuyant sur la touche « Enregistrer ».

9

Le lendemain, Mehdi arrive le premier sur le quai de la Loire. Il attend en jetant des cailloux dans l'eau. Lionel est détendu et fier de son coup. Il suppose que Mehdi va lui reprocher de ne pas avoir écrit une solution qui l'ait mis en valeur aux yeux de sa mère et de sa sœur. Il se promet d'avoir le triomphe modeste et de ne pas faire de morale au gamin, il espère bien que cela lui servira de leçon et qu'il n'aura plus jamais ce genre d'exigence. Il marche tranquillement, les mains enfoncées dans le creux de ses poches, contenant un petit sourire de vainqueur. Il s'approche et lui donne une tape amicale sur l'épaule. Mehdi se retourne, montre un instant son visage rempli de tristesse et se remet à jeter des cailloux dans le courant. Lionel pense que le gamin est d'une susceptibilité beaucoup plus grande qu'il ne l'imaginait. Il laisse passer un moment et dit :

– Fais pas cette tête-là. C'est pas si grave…

– Pas si grave, pas si grave ! On voit bien que c'est pas toi qui passes le concours. Comment veux-tu qu'elle fasse maintenant ?

La réponse sonne comme un reproche que Lionel ne comprend pas. Mehdi poursuit :

– L'huissier et le commissaire se sont présentés dès 9 heures. Ils ont demandé si on pouvait payer et, comme on n'avait pas un sou, ils ont embarqué l'ordinateur. Ma sœur a dit que c'est la loi, qu'il n'y a rien à faire. Elle sait de quoi elle parle. Forcément, avec ses études…

Lionel perd brusquement son sourire. Ce n'est pas cela qu'il a écrit. Normalement, l'huissier et le commissaire ne devaient pas emporter l'ordinateur. Hier soir, il avait réglé l'affaire

– Et les 1 000 francs ?

– Les 1 000 francs de quoi ?

Lionel reste figé, muet, déboussolé. Son truc n'a pas marché. Il ne comprend pas. Mehdi poursuit, mais ses paroles flottent tant dans les oreilles de Lionel qu'il en saisit mal le sens.

– Chez McDo, ils n'ont pas voulu faire une avance. Ils ont dit à Amina qu'ils voulaient bien la payer à la fin de chaque semaine mais que c'était le maximum qu'ils pouvaient accepter.

– Mais, les 1 000 francs du distributeur ?

– Quels 1 000 francs ?

Mehdi hausse les épaules et lance un caillou dans un remous. Aujourd'hui, ses yeux contiennent plus de vert que de bleu, ce qui donne à son regard encore plus de tristesse.

– Heureusement, ses cours et son mémoire son sauvegardés sur des disquettes. Pour l'instant, elle n'a rien perdu.

Le garçon arrête de jeter des cailloux. Il fait face. Lionel se tait. L'expression de son visage a viré au triste. Il a honte de lui et éprouve du remords. Il lui aurait été si facile d'arranger cette histoire. Il essaie de se justifier :

– Je te jure, j'ai essayé, mais…

– Chut ! Assieds-toi, dit Mehdi. Je t'en veux pas. T'as pas voulu, t'as pas voulu… on va pas se fâcher pour ça.

Lionel gagne le banc, s'assoit et pose les coudes sur ses genoux. Il a envie de contester, de dire que son pouvoir est intact, mais ce serait avouer que, par orgueil, il n'a pas voulu aider Mehdi directement. Et puis, son pouvoir, il n'en est plus très sûr. Cette fois-ci, ce qu'il a écrit s'est-il réalisé ?

– T'as peut-être plus de pouvoir, ou alors, ça ne marche pas sur tout le monde. Ça marchait avec moi, ça ne marche peut-être pas avec Amina ou ma mère.

« Oui, c'est certainement cela, pense immédiatement Lionel. Mon pouvoir ne s'exerce que sur Mehdi seul. »

Lionel se sent un peu soulagé. Finalement, si le commissaire et l'huissier ont saisi l'ordinateur, ce n'est pas sa faute. Lui, il ne savait pas que ses pouvoirs étaient limités. Mehdi saute sur le banc et s'assied sur le dossier pour être plus haut. Il observe Lionel du coin de l'œil et l'accable à nouveau :

– Un petit geste. T'aurais quand même pu faire un petit truc. J'suis sûr que c'est parce que je te l'ai demandé que t'as pas voulu. Tu t'es dit : « C'est pas un gamin qui va me mener par le bout du nez ! »

Il étudie les réactions. Lionel baisse la tête et rumine des idées sombres. Il regrette si fort que Mehdi perçoit son embarras et le fragilise davantage encore. Il poursuit :

–Finalement, t'es un orgueilleux fini... Faut que t'écrases les autres...

La leçon de morale a assez duré. Lionel se redresse et essaie de se défendre :

–Écoute, je ne...

–Chut ! l'interrompt immédiatement Mehdi en portant un doigt à ses lèvres.

–Mais il faut que je t'explique. J'ai écrit la suite de l'histoire. Ta mère aurait dû...

Mehdi observe et se dit que Lionel est mûr. Le moment est venu. Il se laisse glisser sur le banc pour revenir à la même hauteur que son ami, fait un geste de la main pour signifier à Lionel que ce n'est pas la peine qu'il se fatigue. Côte à côte, au même niveau, il joue le grand seigneur, pardonne et commence à négocier la réconciliation :

–Pas la peine. Je t'en veux pas. S'il fallait se fâcher pour si peu. D'autant plus que c'est pas si grave. C'est toi qui l'as dit. On trouve toujours des solutions.

Il laisse s'écouler un temps de silence pour tester le degré de résistance de Lionel. Rien. Lionel est ébranlé et ne relève même pas la tête. Mehdi continue :

–... Un ordinateur, toi t'en as un...

Lionel ne comprend pas vraiment le sens de cette remarque. Il a l'impression que Mehdi lui adresse un reproche, comme s'il voulait lui dire : « Si ma sœur n'a plus d'ordinateur, tu t'en moques. Toi, un ordinateur, t'en as un ! » Il murmure un « oui » rempli de honte. Mehdi sourit et lui pose la main sur l'épaule.

– J'ai pas voulu te vexer. C'est pas un reproche. J'ai simplement voulu dire que toi, t'as un ordinateur... et que ma sœur a ses disquettes...

Mehdi n'achève pas sa phrase. Il faut un certain temps pour que Lionel comprenne où le garçon veut en venir. Alors, il relève la tête :

– ... Mais, je ne peux pas lui prêter... j'en ai besoin... pour mon travail...

Mehdi sourit, lui secoue l'épaule et s'enflamme soudain :

– Mais qui te parle de l'apporter chez moi ? Tu ne t'en sers pas du matin au soir. Tiens, tu n'as qu'à lui permettre de venir quelques heures le matin ou l'après-midi. Tu comprends, c'est surtout pour finir son mémoire de maîtrise. Et puis, un peu pour préparer le concours d'entrée à l'École de la magistrature. C'est l'affaire de deux ou trois semaines. Après, tu seras tranquille.

Lionel a envie de dire oui, pour se racheter, pour réparer le mal que son orgueil a provoqué. Mais il pense à son pauvre logement, aux chaussettes qui traînent, au paquet de cacahuètes éventré au milieu des papiers en désordre, au placard vide, au poisson rouge qui se décolore dans son bocal triste.

– Mais…

– Casse-toi pas la tête. Je te jure qu'elle ne regardera pas comment c'est chez toi. Elle est discrète, Amina, elle ne te dérangera pas.

Lionel sent qu'il n'a pas le droit de refuser ce service. Une dernière fois, il oppose mollement :

– C'est un vieux PC… Je ne sais pas si…

– T'inquiète pas. Elle a ses disquettes et, pour taper du texte, il fera très bien l'affaire.

Mehdi sent qu'il a gagné. Il avance la main et conclut :

– Allez, tope là ! T'es vraiment un chic type, Lionel. Je suis sûr que ça te portera chance.

10

Lionel a grommelé toute la soirée et une bonne partie de la nuit. La perspective de laisser des étrangers pénétrer dans son monde privé le rend de mauvaise humeur. Cependant, il a rangé, nettoyé, fait le ménage en grand, changé l'eau du poisson et secoué à la fenêtre la couverture remplie de poils sur laquelle la vieille chatte a l'habitude de paresser pendant des heures. Il y a bien longtemps que le petit appartement n'a été aussi net.

« Il a dit qu'elle viendrait à 9 heures. J'espère au moins qu'elle sera précise ! »

Il a décidé qu'il lui imposerait un horaire. Ce sera de 9 heures à 11 heures, et il compte bien le lui dire fermement pour qu'elle sente que plus vite son mémoire sera terminé, mieux cela sera. Si deux heures ce n'est pas suffisant, elle se débrouillera avec des copines.

« Moi aussi j'ai du travail ! » ronchonne-t-il.

On frappe à la porte. Lionel a un geste inhabituel : il relève sa manche pour regarder une montre qu'il ne porte jamais, comme s'il voulait trouver dans la minute d'avance ou de retard un prétexte pour réserver un accueil désagréable. Il ouvre.

– Salut, dit Mehdi. On est pile à l'heure.

Lionel le regarde à peine. Il fouille la pénombre du palier pour voir à quoi ressemble celle qui va le déranger pendant des jours et des jours. Il entrevoit la silhouette d'une jeune fille. Mehdi entre, se retourne et fait un geste pour que sa sœur pénètre à son tour dans l'appartement. Amina s'avance dans la lumière de la fenêtre.

– Amina, ma sœur.

Amina lève les yeux, tend la main et sourit. Lionel a subitement l'impression que son cœur va exploser. Amina est belle, mais belle ! Elle a un superbe visage de métisse comme on n'en rencontre qu'à la Réunion ou au Brésil, une silhouette… un sourire… et puis un regard d'une intensité si extraordinaire ! Jamais il n'a éprouvé un tel choc à la vue d'une fille. C'est un formidable frisson qui le cloue au sol et lui bloque la parole. Il ne dit rien et reste figé, stupide, ouvrant de grands yeux éblouis qui ne peuvent se détacher du visage d'Amina.

–Bonjour, dit-elle. Mehdi m'a beaucoup parlé de vous. Je vous promets que je ne vous dérangerai pas. Vous me rendez un grand service. Sans votre aide, je n'avais aucune chance de terminer mon mémoire à temps.

Quelle voix douce et chantante! Lionel n'a jamais entendu si belle musique. Il essaie de se reprendre et de cacher l'immense trouble qui s'est emparé de lui. Il fait un pas en arrière pour les faire entrer, referme la porte et bredouille des mots inachevés:

–... C'est... enfin, j'avais dit... pour vous rendre ser... enfin, un vrai plaisir. Je vais vous montrer le... êtes chez vous...

Amina suit le geste de Lionel et découvre le PC. Elle s'approche. Mon Dieu qu'elle est belle! Lionel se précipite, tire la chaise, appuie sur l'interrupteur.

–Asseyez-vous, asseyez.... Il lui faut un peu de temps pour... mais, vous verrez, il marche bien.

Sa main mouline pour remplacer toutes les paroles qui ne parviennent pas à sortir de sa bouche. Mehdi le regarde, perplexe, le sourcil bas. L'écran s'allume et le moteur du disque dur se met à ronronner. Amina s'installe, sort des papiers d'un sac de toile, ôte les protections de ses disquettes. Lionel tourne autour d'elle, se place contre la chaise et entreprend de lui expliquer le maniement de l'ordinateur en une minute.

– C'est un 486, avec lecteur interne. Faut mettre la disquette dans... et puis elle se verrouille toute seule... mais pour enregistrer, enfin, la souris est à deux...

Lionel s'empresse autour d'Amina comme un paon autour de sa belle. Mehdi esquisse un sourire. Il a l'impression de le voir faire la roue, de l'entendre roucouler, de le voir se déplacer vingt centimètres au-dessus du sol. C'est vraiment très amusant de voir ce grand escogriffe, qui avait tant de mal à capturer ses spaghettis, se transformer subitement en... amoureux! Parce que, pour Mehdi, il n'y a pas l'ombre d'un doute: Lionel vient de tomber violemment amoureux de sa sœur! D'un côté, il trouve cela normal, parce qu'Amina est la fille la plus belle, la plus séduisante, la plus intelligente, la plus gentille qu'on puisse rencontrer. C'est rare qu'un frère dise cela de sa sœur, alors Mehdi pense que c'est la vérité. D'un autre côté, l'attitude débile de Lionel l'agace. Il a envie de le pousser et de lui conseiller d'aller faire un tour au bord de la Loire pour se calmer un peu.

– Perds pas ton temps, lui dit-il en lui secouant le bras, elle sait comment ça marche, un ordinateur. Elle pourrait t'en apprendre, même sur ce modèle-là.

Lionel semble surpris. Il baisse les yeux vers la main de Mehdi, comme s'il découvrait pour la première fois la présence du garçon. Il donne l'impression de sortir du sommeil tant ses yeux de hibou ébouriffé sont étonnés. Il se tait, croise le sourire faussement sérieux de Mehdi, tourne à nouveau la tête vers l'écran, jette un regard gêné vers Amina puis se redresse et lâche le dossier de la chaise.

– Bien sûr. Que je suis bête !

Lionel revient dans le centre de la pièce et s'appuie contre le bord de la table. Le poisson rouge-blanc monte à la surface, comme si l'approche de son maître lui donnait l'espoir de recevoir enfin quelques miettes. Amina engage une disquette dans le lecteur. Elle s'empare de la souris et fait défiler des pages et des pages de texte, puis clique pour interrompre le défilement. Elle se penche alors vers l'écran et entreprend de relire et de modifier certains passages en fonction des innombrables notes qu'elle a accumulées sur ses feuilles de papier. Lionel ne fait rien. Manifestement, il se retient de regarder la jeune fille. La présence du frère l'embarrasse. Des minutes interminables s'écoulent, et, comme Mehdi ne se décide pas à partir, Lionel se dirige vers la porte, pose la main sur la poignée et lance sans soutenir le regard de ce gêneur de frère :

– C'est pas la peine de perdre ton temps. Il y a un arrêt de bus tout près d'ici. Quand elle aura fini, je l'accompagnerai si tu veux.

Il entrouvre la porte, mais Mehdi, un sourire moqueur mal dissimulé au coin de la bouche, fait deux pas en arrière, s'assied dans l'unique fauteuil, ouvre son sac et en sort un livre d'histoire : Amina interrompt ses manipulations et se retourne.

– S'il pouvait m'attendre, demande-t-elle à Lionel de sa voix douce et chantante, il me rendrait service. À midi trente, je dois être au McDo. Il remontera mes affaires à la maison. S'il vous plaît...

Ah ! la façon dont elle prononce le « S'il vous plêêêêêêê ! » Quelle mélodie ! Lionel fond littéralement. Il n'ose pas insister. La voix est si douce, le regard si beau !

– Mais bien sûr ! s'empresse-t-il de répondre.

Il referme la porte, contourne la grande table et s'assied à son tour. La vieille chatte est étendue de tout son long et ses pattes dépassent de la couverture. Il fait un geste brusque pour la repousser, qui dissimule mal sa contrariété. Il prend une chemise, l'ouvre, tourne des feuilles de papier, saisit un stylo et fait mine de corriger. Mehdi étudie dans son livre d'histoire. Rapidement, en bon élève qu'il est, il plonge dans sa lecture et ne relève plus la tête. Cette concentration n'échappe pas à Lionel. Dès qu'il comprend que le frère est absorbé, il tourne le regard et se perd dans la contemplation de la sœur. Elle travaille. Ses doigts effleurent gracieusement les touches du clavier. Lionel prend son temps : il détaille les longs cheveux… superbes, les épaules rondes… magnifiques, les poignets très fins… splendides, le corps droit… noble. Amina dégage un parfum subtil. Il sent qu'il est irrésistiblement attiré.

Les minutes passent et seuls le bruit d'une page tournée et le léger pianotement des doigts de la jeune fille sur les touches de l'ordinateur troublent le silence du petit appartement. Lionel est tellement fasciné par cette présence féminine que, petit à petit, il en oublie Mehdi. Il se sent envoûté. Il se lève, avance et se place sur le côté, tout près d'Amina pour mieux admirer le joli visage. Il ne peut s'empêcher de parler, les yeux ouverts comme ceux d'un serpent, avançant des phrases inachevées pour le simple plaisir d'attirer son regard :

– C'est du droit... C'est difficile... J'aurais aimé faire des études mais... moi, j'ai fait deux années de fac, mais j'ai aban... C'est quoi le sujet de votre mémoire ?

Amina s'arrête. Elle répond avec beaucoup de douceur :

– Je vous laisserai un exemplaire de mon mémoire, quand il sera terminé. Pardonnez-moi, il faut que je travaille...

– Oui, oui... Excusez-moi.

Mehdi a relevé la tête et son visage s'est obscurci.

« S'il la dérange comme ça toutes les deux minutes, son travail n'avancera pas. »

Il sait que les études de sa sœur nécessitent des heures et des heures de silence et d'isolement. Lui, il a l'habitude de rester des journées entières sans lui adresser la parole pour ne pas la déranger. Il ne faut ni parler ni poser des questions. Et puis l'air niais qui envahit les yeux de Lionel quand il regarde sa sœur l'irrite considérablement.

« Qu'est-ce qu'il va faire ? Il ne va pas rester planté devant elle comme ça pendant des heures. Mais si. Il prend racine. Il ne revient pas à son travail. Il va la regarder toute la journée avec ses gros yeux de poisson rouge ! Il ne se rend donc pas compte qu'il l'empêche de se concentrer ? »

Lionel ne bouge pas. Mehdi intervient. Il se lève, s'approche de Lionel et lui pose la main sur l'épaule :

– J'irais bien faire un petit tour au bord de la Loire. Il fait beau, tu viens ?

Lionel tourne un regard irrité vers Mehdi et répond immédiatement d'un ton sans appel :

– Non.

Mehdi se tait, mais il brûle de lui dire : « Écoute, Lionel, Amina n'ose pas te le dire parce que tu es chez toi et que tu es très gentil de lui prêter l'ordinateur, mais, si tu interviens toutes les deux minutes, elle ne peut pas travailler. À la maison, quand elle étudie, moi, je reste des heures et des heures sans lui parler. Elle a besoin de silence et de calme. C'est très important… tu comprends ? »

Le regard de Lionel s'assombrit. Il a l'air d'avoir compris et de penser : « De quoi se mêle ce marmot ? » Il frôle la main d'Amina et retourne s'asseoir à la grande table. Il reprend le stylo et fait mine de corriger une feuille. Mehdi reprend sa place dans le fauteuil. La chatte s'assied sur sa couverture, dresse la tête et enroule sa queue autour de ses pattes. Quelques minutes passent, puis Lionel se lève à nouveau.

–Mehdi m'a parlé de l'École de la magistrature de Bordeaux, dit-il quand il arrive à la hauteur d'Amina. Vous voulez devenir juge pour enfants. C'est bien, même si je ne sais pas exactement…

Mehdi le fixe. Lionel se tourne vers lui, se frappe le front et revient vers la table mais, quelques minutes plus tard, il semble avoir à nouveau oublié la présence du frère et tente de nouer conversation avec Amina en lui parlant de son dernier roman, celui que Mehdi a emprunté à la médiathèque.

–*Le Caméléon bleu* raconte l'histoire de…

Mehdi sent qu'il va exploser. Il se lève, range son livre dans son sac et se dirige vers la porte en lançant à Amina :

–J'ai ma clé. T'inquiète pas…

Dès qu'il est sur le trottoir, il se met à courir pour épuiser la colère qu'il contient depuis une heure. « Quel crétin ! Quel crétin ! » se répète-t-il à mi-voix. Il bouscule des passants, traverse une petite place entre les voitures, dévale plusieurs rues pavées. Il rejoint les quais, s'approche de la rive du fleuve et s'arrête. Il n'y a personne à cet endroit. Il avise un banc, saute sur la banquette et s'assied sur le dossier.

« Nul ! C'est vraiment un nul, ce Lionel ! Non, mais il s'est pas vu avec ses yeux ronds et son air de marchand de bananes trop mûres ! Elle peut pas travailler avec un être comme ça dans son dos. Amoureux ! Pas besoin de faire un dessin, on a compris. Et il fallait que ma grande sœur tombe sur un blaireau pareil ! À quelques semaines de ses examens, c'est vraiment sa chance. Et moi, j'ai rien dit, parce qu'il a un ordinateur et qu'elle en a besoin ! »

Mehdi fulmine, se traite de lâche, d'hypocrite, de dégonflé. Il redresse son sac qui est tombé à l'envers sur la banquette, l'ouvre et en sort un bloc de papier. Avec un feutre, il dessine un visage avec de grandes oreilles, des yeux ronds et une bouche d'amoureux stupide aux lèvres pendantes. Au-dessus, il trace une bulle avec trois cœurs fanés comme des fleurs coupées depuis une semaine.

– Lionel ! Écrivain nul, amoureux idiot et emmerdeur de première.

En dessous, il écrit : LIONEL en gros caractères, puis il se penche et admire son chef-d'œuvre. Le dessin lui a permis d'évacuer un peu de la colère qu'il a emmagasinée. Il sourit et hoche la tête. Son index décoche des pichenettes sur le gros nez de la caricature. Au bout d'un moment, il reprend le feutre et écrit sous le premier mot :

LIONEL, FOUS-LUI LA PAIX.
LIONEL, PRENDS TON STYLO
ET TON MANUSCRIT.
LIONEL, VA DANS TA CHAMBRE
ET RESTES-Y ENFERMÉ !

Il arrache la feuille de papier, la bouchonne en une balle serrée, descend du banc, prend de l'élan et shoote à la manière d'un gardien de but tirant un six-mètres.

La boule de papier décrit un long arc de cercle et tombe dans la Loire sans faire aucun bruit.

11

Mehdi traîne sur les bords de la Loire jusqu'à la fin de la matinée. Un peu avant midi, il fait le chemin inverse et revient dans le quartier où habite Lionel, mais il reste au bout de la rue.

« Quand elle sortira, je la verrai. »

Pendant quelques minutes, il ressasse les idées qui ont tourné dans sa tête pendant deux heures. Il les imagine, elle, assise devant l'écran de l'ordinateur, essayant de se concentrer pour travailler, lui, tournant autour d'elle comme un papillon, racontant n'importe quelle niaiserie ou posant n'importe quelle question débile. Plusieurs fois, il a eu envie de courir jusqu'au petit appartement, d'entrer en faisant claquer la porte contre le mur, de se lancer sur Lionel et de le prendre au collet pour bien lui faire comprendre que, s'il faisait perdre davantage son temps à Amina, il allait lui casser la... Mais non, ce n'est pas possible. Lionel est chez lui. L'ordinateur lui appartient. Et puis, c'est un homme jeune et fort, sans doute beaucoup plus fort que lui. Alors Mehdi hausse les épaules et se contente de commentaires peu flatteurs :

« Ce que c'est bête un amoureux ! Il ne va pas la lâcher comme ça ! Même s'il n'a pas un centime, il est fichu de l'inviter dans un grand restaurant ! »

Amina est sur le trottoir. Elle se retourne et regarde vers l'intérieur de la maison. Mehdi pense qu'elle attend Lionel qui, une fois de plus, est en train de chercher ses clés ou sa veste. Mais non. Surprise. Lionel apparaît sur le seuil, serre la main qu'elle lui tend et regarde la jeune fille s'éloigner. Mehdi recule dans une entrée d'immeuble de telle façon que Lionel disparaisse à sa vue. Au bout d'un instant, le pas d'Amina se fait entendre sur les pavés du trottoir, résonne, s'approche du bout de la rue.

– Comment t'as fait pour rester jusqu'à midi ?

Mehdi avance d'un pas et tourne la tête en direction de la maison. La porte est refermée. Lionel est rentré. Mehdi prend le bras de sa sœur.

– Tu m'as fait peur, dit-elle. Je croyais que tu avais ta clé. Je pensais que tu étais remonté à la maison.

Ils marchent en direction de la place du Vieux-Marché. Mehdi se retourne une fois ou deux pour vérifier que Lionel ne les suit pas. Ils parviennent rue Royale. La circulation des voitures, le va-et-vient des passants sur les trottoirs et tous les bruits de la ville en plein midi jaillissent d'un coup. Mehdi est obligé d'élever la voix pour se faire entendre.

– Tu peux rien faire avec lui. Il te dérange toutes les cinq minutes. Ton mémoire n'avancera pas, dit-il.

– Il s'intéresse à ce que je fais, c'est tout…

– Il s'intéresse… reprend-il en haussant les épaules. Il s'en moque de ton mémoire. Ce qu'il veut, c'est venir raconter ses niaiseries, faire le beau comme un paon déplumé. C'est un malade…

– Tu es injuste. Il est très gentil de me prêter son ordinateur. Je te rappelle que le mien a été repris hier parce qu'on ne payait plus.

Amina répond d'une voix sèche, ce qui autorise Mehdi à hausser le ton. Il s'arrête, lui serre le bras et l'oblige à faire un quart de tour pour lui faire face :

– À quoi il va te servir son ordinateur s'il ne te laisse pas tranquille deux minutes pour travailler ? Tu as vu les yeux stupides avec lesquels il te regarde ? T'as remarqué son air bête quand il te parle ?

Amina se dégage et reprend la marche au milieu des passants sans dire un mot. Mehdi la suit et ajoute :

– Il est amoureux de toi ! Crois-moi, c'est même plus la peine de revenir. Tu vas droit à l'échec avec un mec comme lui. C'est simple, ce matin je suis parti parce que j'avais envie de lui sauter dessus et de le mordre.

Il plisse la bouche et imite Lionel parlant à Amina, s'efforçant de le rendre le plus ridicule possible :

– « J'aurais aimé faire des études mais… moi, j'ai fait deux années de fac, mais j'ai abandonné… C'est quoi le sujet de votre mémoire ? » Des claques. Voilà ce que j'avais envie de lui répondre. Tu es trop gentille. Tu aurais dû être plus ferme et lui dire de rester tranquille dans son coin. Enfin, tu ne te rends pas compte que tu as travaillé comme une malade pendant des années et que tu vas passer à côté de tes examens à cause d'un blaireau qui te parle avec une bouche en cul de poule ?

Le ton est chargé de reproches. Amina regarde devant elle et ne répond rien. Pourtant ses joues se sont un peu colorées. Manifestement, elle supporte mal les réprimandes de son petit frère. Elle s'arrête à son tour et lui rétorque :

– Écoute bien : premièrement, je te rappelle que Lionel, c'est TON copain et que cette histoire d'ordinateur, c'est TON idée. Deuxièmement, je suis assez grande pour savoir s'il me gêne dans mon travail ou pas. Et moi, je te dis qu'il ne me dérange pas du tout. Troisièmement, que ça te plaise ou non, je lui ai demandé si je pouvais revenir demain, toute la journée, de huit heures à vingt heures. J'emporterai même un casse-croûte pour ne pas perdre de temps pendant midi. Son ordinateur, j'en ai besoin. C'est le seul moyen de terminer mon mémoire. Je n'ai pas le choix.

Puis, d'un seul coup, elle se retourne et reprend sa marche vive parmi les passants. Après un pas, elle ajoute, sans regarder son frère :

– C'est dans ta tête que ça se passe. Ma parole, on dirait que tu es jaloux. Dès que tu as été parti, il a pris son manuscrit, son stylo et il s'est enfermé dans sa chambre. Je ne l'ai plus revu de la matinée. Je t'assure qu'il m'a fichu la paix. J'ai dû frapper à sa porte pour lui dire que je partais. Je ne partage pas du tout ton avis. Je trouve que c'est un garçon très sympathique.

Là-dessus, elle accélère. Visiblement, elle n'a pas envie de prolonger la conversation. Elle prend quelques mètres d'avance et, au moment où un bus se gare devant un arrêt, elle lui lance :

– Je ne rentre pas à la maison. Je vais directement au McDo. À ce soir.

Elle court, monte dans le bus et laisse Mehdi sur le trottoir. Il est contrarié parce qu'il a l'impression que sa grande sœur n'a pas compris ce qu'il voulait lui dire et qu'elle est fâchée. Ce type d'accrochage est si rare entre eux ! Il regarde clignoter les feux orange au moment où le bus se glisse à nouveau dans le flot de la circulation. Il cherche le visage de sa sœur, mais elle s'est assise du côté opposé. Il est à la fois furieux qu'elle ne l'ait pas écouté et triste à la pensée qu'elle lui en veut peut-être.

Il fait demi-tour et redescend vers le quai du Châtelet. Pour lui, la situation est tellement claire : Lionel est amoureux et elle ne s'en rend pas compte. Il ne lui laissera pas une seconde pour se servir du fameux ordinateur dont elle a tant besoin.

« Saloperie de fric ! dit-il à mi-voix. Si on avait eu de l'argent, il n'y aurait pas de problème. Il aurait fallu que le marchand patiente un petit mois de plus, c'est tout. »

Mehdi ne réfléchit pas trop à la direction qu'il prend. Il se laisse absorber par la masse des piétons. Il traverse le boulevard, et s'engage sur le pont George-V. Au bout d'une cinquantaine de mètres, parce que la chaussée monte et exige un effort, il lève la tête et réalise qu'il est au-dessus du fleuve. Des cormorans et des mouettes rieuses tournent au-dessus d'une île de sable et de graviers. Sur l'autre rive, le rideau des grands arbres masque les premiers feuillages de la forêt solognote. Sur la rive droite, plus loin à sa gauche, les tours carrées et blanches de la cathédrale se détachent parmi une mosaïque de toits d'ardoises. Il avance jusqu'au sommet du pont, s'arrête, pose ses deux coudes sur le mur de pierre du parapet et regarde la Loire défiler sous lui. Le courant est malicieux, vif, espiègle. À l'approche des piles du pont, l'eau décrit une large glissade, comme un enfant polisson qui s'amuserait sur un toboggan. La Loire…

«*…Dès que tu as été parti, il a pris son manuscrit, son stylo et il s'est enfermé dans sa chambre. Je ne l'ai plus revu de la matinée. Je t'assure qu'il m'a fichu la paix…*»

Les dernières paroles prononcées par sa sœur remontent dans sa mémoire et, en même temps, l'image de la boulette de papier sur lequel il avait dessiné la caricature de Lionel et rédigé quelques injonctions:

«*Lionel, fous-lui la paix.*

Lionel, prends ton stylo et ton manuscrit.
Lionel, va dans ta chambre
et restes-y enfermé! »

Un poisson se retourne dans le courant. Un éclat blanc traverse l'épaisseur du courant, comme une étincelle. Mehdi sourit. Et si…

•

La Loire.

En quelques minutes, la Loire révèle à Mehdi une évidence tellement flagrante qu'il est étonné de n'avoir pas compris plus tôt.

« Lionel… ou plutôt l'écrivain Nel White m'a lui-même raconté qu'il venait toujours chercher son inspiration au bord du fleuve. Finalement, la Loire, c'est son inspiratrice, son guide, sa muse, son capitaine. Toute son inspiration d'écrivain lui est donnée par le fleuve.

« Après avoir écrit mes quatre lignes et jeté le papier dans la Loire, ce que moi, Mehdi, j'avais souhaité s'est réalisé. Amina a raison quand elle dit que Lionel a pris son manuscrit, son stylo et s'est enfermé dans sa chambre, la laissant tranquille pour travailler. »

Mehdi reste rêveur. Finalement, la Loire c'est une sorte d'Internet entre lui et Nel White. Il suffit qu'il prévoie ce que l'écrivain doit faire pour que ses souhaits se réalisent, tout comme se réalisait pour lui ce que Lionel-Nel White écrivait. Le pouvoir fonctionne dans les deux sens.

Et cela, Lionel ne le sait pas…

Mehdi sent une bouffée de malice monter en lui.

« D'abord, permettre à Amina de disposer de l'ordinateur autant qu'elle le veut sans que ce grand escogriffe la dérange dans son travail. Pour cela, c'est simple : il suffit que Lionel ne soit pas dans la maison. Tous les jours, il faudra donc que je prévoie une activité à l'extérieur. »

Mais, à la réflexion, Mehdi décèle une faille dans son raisonnement.

« Non. Je n'ai vraisemblablement d'influence que sur le seul écrivain, donc sur Nel White. Il faut que je trouve un travail en rapport avec l'écriture. Je ne peux quand même pas lui faire relire tous les jours le même vieux manuscrit ! »

Le seul moyen d'éloigner Lionel de sa sœur et de l'ordinateur, c'est de l'accabler de travail, de le noyer dans l'écriture d'un roman très long, une histoire si prenante qu'il ne songera plus à relever la tête parce qu'il en oubliera la présence de la jeune fille. Mieux, puisque Lionel est amoureux d'Amina, qui va forcément être reçue à ses examens et ses concours (de cela, Mehdi ne doute absolument pas), il faudrait que Lionel se lance une sorte de défi : il faut qu'il soit aussi brillant qu'elle et qu'il réalise un roman extraordinaire. C'est par orgueil qu'il se lancera tout entier dans son travail. Toujours selon Mehdi, il s'enfermera jour et nuit dans sa chambre pour peu que lui, qui se prend soudain pour « le grand magicien », le décide, l'écrive et jette les petits papiers dans la Loire comme autant d'ordres transmis par Internet.

« Lui inspirer un roman… mais quelle histoire ? réalise-t-il soudain. Des idées, où vais-je les trouver ? »

12

– Quand je suis arrivée, j'ai sonné pendant plusieurs minutes avant qu'il ne vienne m'ouvrir, raconte Amina à Mehdi quand elle rentre au soir de son deuxième jour chez Lionel. Il a tiré la porte en me disant qu'il était pressé parce qu'il tenait une idée géniale et qu'il était à fond dans son roman. Il avait les yeux cernés de quelqu'un qui n'a pas dormi de la nuit.

– Alors, il ne t'a pas dérangée pour travailler ?

– Bien sûr que non. Je ne l'ai pas vu de la journée. Il n'a pas mangé et il n'est sorti de sa chambre qu'une seule fois vers deux heures de l'après-midi pour tirer une carafe d'eau au robinet. Il m'a dit que l'inspiration était revenue, que les mots coulaient de son stylo comme l'eau d'un torrent, qu'il a rédigé une trentaine de pages dans la nuit et autant dans la journée. Je ne sais pas ce qu'il raconte, mais, en tout cas, il donne l'impression de tenir la grande idée.

Mehdi s'assied sur la moquette. Il regarde le paquet de feuilles que sa sœur vient de poser sur sa table de travail.

– C'est ce que tu as tapé aujourd'hui ?

– Oui, répond-elle en souriant. Tu vois que je n'ai pas chômé.

Le mémoire avance. C'est rassurant.

– Si tu travailles tous les jours comme ça, il te faudra combien de temps pour terminer ton mémoire ?

– À ce rythme, j'aurai fini de le taper dans huit jours. Tu penses, des journées de travail de douze heures… D'autant plus que ce n'est qu'une mise en forme. Le contenu, le brouillon de dizaines de pages, l'argumentation, la structure, tout est prêt.

Elle tapote un gros dossier dont la couverture verte est familière à Mehdi et où, depuis des mois, elle entasse ses recherches, des centaines de pages, un vrai dossier de tribunal. Elle saisit aussi une pile de disquettes.

– En plus, c'est tellement clair dans ma tête !

Mehdi jubile. Il a vu juste. Le pouvoir que Lionel utilisait malgré lui est passé entre ses mains, mais lui le maîtrise tout à fait.

Amina s'assied et ouvre un classeur et plusieurs livres. Comme il l'a toujours fait, Mehdi se tait pour ne pas la troubler. Il pense à la journée de la veille et aux dizaines de papiers qu'il a commencés sans les finir parce qu'aucune idée ne lui venait. Oui, il sentait le fameux pouvoir entre ses mains, mais, s'il savait qu'il fallait trouver le sujet d'un long roman pour entraîner Lionel dans un travail épuisant, il ne parvenait pas à trouver l'histoire que Lionel devait rédiger.

Vers 19 heures, il était retourné au bord de la Loire, désespéré, épuisé, irrité contre lui-même à la pensée qu'il possédait entre ses mains le pouvoir extraordinaire de résoudre les problèmes et que, faute d'imagination, il laissait passer la chance, la sienne et celle de sa sœur. Le soleil déclinait et la boule jaune orangé se posait délicatement à la cime des arbres, loin du côté de La Chapelle-Saint-Mesmin ou de Beaugency.

À cette heure, la lumière rasante donne un relief surprenant aux eaux du fleuve. Elle se faufile, rapide comme des poissons d'argent dans le courant qui frétillent entre les pierres. Elle miroite dans les méandres où l'eau s'étale et paresse. Elle brille, scintille dans les tourbillons, frappe comme la pointe de flèches, ruisselle, pétille, prend des allures de cavaliers parcourant de larges plaines, se prélasse comme une loutre au ventre rond. Puis, déclinant encore, la lumière s'est posée sur le fleuve sauvage.

C'était simple, beau, facile. Et l'idée a jailli dans la tête de Mehdi. Il s'est perché sur le dossier d'un banc public, a pris une feuille dans son sac et, en quelques lignes brèves, a rédigé les ordres qu'il donnait à Lionel et le début d'une grande histoire qu'il se promettait de poursuivre au jour le jour.

Raconte avec beaucoup de détails, d'humour, de suspense l'histoire d'un écrivain qui voit se réaliser tout ce qu'il imagine au fur et à mesure qu'il l'écrit. Le héros prend corps à chaque séquence et réalise ce que l'écrivain a prévu jusqu'au jour où il échappe à son créateur.

« Ce sont toujours les idées les plus simples qui sont les plus efficaces. »

Puis il avait transformé la feuille en une boulette serrée qu'il avait jetée le plus loin possible dans le courant de la Loire, comme un message lancé sur Internet.

– Tu y retournes, demain ? demande Mehdi

Amina ne répond pas tout de suite. Elle finit de rédiger les quelques lignes d'une note.

– Oui. Il a accepté que j'arrive très tôt, à sept heures, avant si je veux. Il a dit que, de toute façon, il n'allait sans doute pas dormir parce qu'il va écrire toute la nuit.

« Toute la nuit… »

Mehdi va dans sa chambre.

« S'il écrit à ce rythme, il faut que j'alimente son imagination. »

Il s'assied et commence à rédiger la suite de l'histoire.

Raconte comment le héros imaginé par l'écrivain fait déraper l'histoire à chaque fois et comment l'auteur est obligé de modifier son histoire pour tenter de récupérer la situation. Fais-lui prendre le train, parcourir l'Europe. Fais en sorte qu'il nargue l'auteur, l'essouffle dans des poursuites infernales et drôles. Rappelle-toi, Nel White, du suspense, de l'humour, de la fantaisie.

Rappelle-toi aussi qu'il faut que tu ailles faire des commissions parce qu'il n'y a plus rien à manger dans le réfrigérateur. Achète des pommes, du chocolat au lait, des pâtes et un gros bifteck. Il faut aussi que tu dormes huit heures chaque nuit, sinon tes idées ne seront pas claires.

Tout en se relisant, Mehdi pense que Lionel en a bien pour deux ou trois jours à exécuter les indications contenues dans ce papier. Il froisse la feuille et la transforme en une boulette qu'il plonge dans sa poche, se lève et lance à sa sœur :

– J'ai envie de marcher. Je vais au-devant de Maman.

Amina acquiesce d'un « hum » sourd qui lui permet de comprendre qu'elle tient, à la fois, un crayon dans la bouche et une idée qu'elle ne veut pas laisser échapper. Il sort en veillant à ce que la porte ne claque pas.

•

La Loire est paisible en cette fin d'après-midi. L'eau s'arrondit au contact des piliers du pont et caresse la pierre avant de la contourner à la manière d'une chatte caressante dans les jambes de son maître. Mehdi s'approche du bord. Il regarde le courant, fouille dans sa poche et en retire la boulette de papier.

« Lionel... et dire que tu ne sais même pas que je te tiens comme un pantin ! »

L'image du visage de Lionel s'impose à Mehdi. Il voit ses yeux rougis par la fatigue parcourir les centaines de lignes d'écriture fine et nerveuse du manuscrit. Il a soudain des scrupules à lui imposer tant de travail.

Mehdi arme son bras, mais ne se décide pas à confier le message au fleuve. Il pense aux discussions que Lionel et lui ont eues près du fleuve, aux moments de complicité. Son bras revient doucement et ses doigts déplient le papier. D'un revers de main, il défroisse le papier, appuie la feuille contre la borne de pierre qui soutient une chaîne et ajoute :

Un soir, va te promener au bord de la Loire.

Puis il bouchonne à nouveau le papier et le jette dans le courant.

13

Un jour passe. Puis deux, trois. Chaque matin, Amina part de très bonne heure et travaille jusqu'à la nuit. Son mémoire avance à grands pas. Il sera bientôt terminé.

– Lionel ne te dérange pas ?

– Me déranger ? Mais je ne le vois pas ! Il me dit que son roman marche très fort, que les idées jaillissent comme mille geysers et que sa main ne parvient pas à suivre le rythme de son cerveau. C'est à peine s'il prend le temps de venir m'ouvrir la porte.

– Il n'est pas trop fatigué ? s'inquiète Mehdi.

– Un peu, mais il répète qu'il a la baraka, le rassure Amina. Il se force à faire une nuit de huit heures. Le midi, on fait une pause ensemble. Lui, il se fait cuire des pâtes, un bifteck. Moi, je mange mon casse-croûte. Ce midi, il m'a donné une pomme. Il m'a fait rire parce qu'il en a acheté au moins deux kilos et il ne les aime pas. Pourtant il en croque une de temps en temps. Marrant, non ?

Mehdi repense aux courses qu'il avait indiquées dans son message. Il sourit. Dans le prochain message, promis, il lui conseillera des poires ou des abricots.

– Il rédige entre 30 et 40 pages de brouillon par jour, poursuit Amina. Tu te rends compte ? À ce rythme, il aura vite terminé un roman de 250 pages.

Chaque jour en fin d'après-midi, Mehdi vient sur les quais et confie à la Loire un nouveau message qui contient quelques consignes et les grandes lignes du roman que Lionel va rédiger en détail le lendemain. Le quatrième jour, Mehdi plie soigneusement la feuille et lui donne la forme d'un canard qu'il laisse tomber à plat sur la surface. L'oiseau de papier tourne d'abord sur lui-même, puis il prend le sens du courant et descend la Loire. Rapidement, il s'éloigne et disparaît à la vue de Mehdi, absorbé par le grand fleuve.

Le ciel est calme et les grandes effilochures roses des altostratus se reflètent dans l'eau calme du fleuve. Des canards se poursuivent au-dessus des bouquets de saules. Sur la rive opposée, les eaux, en baissant, ont découvert une grève de sable qu'un héron parcourt à hautes enjambées. À ras de la surface, un couple de cormorans noirs rame à larges battements d'ailes en direction d'une langue de graviers. Mehdi oublie la ville. Il marche le long du fleuve, les yeux perdus dans le spectacle du fleuve. Il monte sur un banc, s'assied sur le dossier, appuie ses coudes sur ses genoux et pose son menton entre ses mains. C'est beau. Il respire. Il oublie le temps.

–Salut.

Mehdi sursaute. Il n'est pas surpris (il avait programmé cette rencontre dans l'un de ses précédents messages et il est prêt à répondre comme Lionel un jour: «*Je t'attendais!*»), mais la voix le tire brutalement d'une longue rêverie. Il tourne la tête. Lionel est près de lui, les deux mains enfoncées dans les poches d'un vieux jean. Il a les yeux cernés et son visage est fatigué, mais son regard brille de joie.

–Tu fais la tête? interroge Lionel. Ça fait trois ou quatre jours que tu n'es pas venu à la maison.

–Cinq, rectifie Mehdi. Je ne veux pas te déranger. Amina m'a dit que tu tenais un sacré sujet de roman et que tes journées n'avaient plus assez d'heures.

– La baraka ! répond-il en amorçant un pas de danse. Je savais bien que l'inspiration reviendrait. C'est simple : je relis les 10 dernières lignes, et mon stylo entraîne ma main. Impossible de m'arrêter. J'ai déjà écrit des romans avec facilité, mais alors là ! Un robinet ouvert en grand ! Les 170 premières pages sont rédigées, et je crois qu'elles sont bonnes.

– 170 pages !

Mehdi émet un petit sifflement admiratif et pense qu'à ce rythme, le roman sera terminé dans quelques jours. Du moins le brouillon.

– Et… qu'est-ce qu'il raconte, ton roman ? risque Mehdi.

Lionel s'assied sur la banquette du banc, croise les jambes et regarde au loin le héron qui continue sa marche saccadée sur la langue de graviers de l'île. Il écarte ses deux bras en croix et les pose sur le dossier du banc, ce qui lui donne un air d'importance.

– Je préfère finir avant de t'en parler. Ne te vexe pas, c'est pas par caprice. L'un des personnages te ressemble un peu, alors, tu comprends, tant que l'histoire n'est pas terminée, c'est un peu délicat.

Mehdi n'insiste pas. Ces quelques paroles suffisent à le rassurer. Il tient bien l'écrivain en son pouvoir.

La marionnette Nel White lui obéit au doigt et à l'œil et elle ne se doute pas que, derrière, Mehdi, en grand marionnettiste, tire les fils.

–Le stylo ! s'exclame soudain Lionel. Il n'y a que le stylo de vrai pour écrire un roman. L'ordinateur, c'est bien pour retravailler le texte, le mettre en forme, préparer une présentation impeccable. Mais pour écrire vraiment, un écrivain ne devrait jamais utiliser que le stylo.

–Tu le taperas après ? s'inquiète soudain Mehdi.

L'ordinateur. Il ne faut pas que Lionel envisage d'utiliser la machine tant qu'Amina n'a pas complètement terminé son mémoire. En un instant, il imagine la parade : pour gagner du temps, il pourra toujours lui ordonner de relire, de corriger, de faire plus clair, plus court, plus précis, de travailler chaque phrase, chaque paragraphe. Mais son inquiétude est vaine parce que Lionel enchaîne aussitôt :

–L'ordinateur, je ne m'en servirai qu'au dernier moment, quand mon roman sera relu, bien au point, peaufiné comme jamais aucun de mes romans ne l'a été. Et c'est le stylo à la main que je dois faire ce travail.

Ils se taisent et, pendant quelques secondes, chacun savoure son inavouable succès. Puis, Lionel se lève, se place en face de Mehdi et le fixe dans les yeux. Il y a de la braise dans son regard. Il pose ses deux mains sur les épaules du garçon et lui dit :

– La baraka ! Dans moins de deux mois, il sera à la devanture de tous les libraires. Avec les examens et les concours de ta sœur, on aura beaucoup de choses à fêter… Je t'invite, ajoute Lionel. On va au resto et on se fait une pizza et des spaghettis. D'accord ?

Les yeux de Lionel pétillent. Il est heureux. Mehdi ne se sent pas le cœur à refuser.

– T'as de l'argent maintenant ?

– Pas plus que l'autre jour, mais je peux grossir mon découvert. Avec le chèque que je vais toucher pour mon roman…

Ils rient tous les deux, abandonnent le banc et prennent la direction de la ville.

•

Trois autres jours passent, et puis, un soir, Amina rentre à la maison, le visage fatigué mais triomphant :

– Fini ! Mon mémoire est terminé, relu, corrigé. Cette fois, il est au point. Je n'ai plus qu'à le déposer à la fac et à le soutenir.

Mehdi éprouve une immense admiration pour cette sœur si jeune qui va décrocher une maîtrise en droit.

– Il n'y a aura plus qu'à attendre les résultats… ajoute-t-elle.

Pour Mehdi, le résultat ne fait aucun doute. Elle sera reçue, parce qu'elle est brillante, intelligente et qu'elle a énormément travaillé. Il rencontre le regard complice de sa grande sœur, sourit en faisant un geste de la main qui signifie : « Je suis sûr que c'est gagné ! »

– Maintenant, je vais consacrer tout mon temps à préparer le concours d'entrée à l'École de la magistrature.

– T'as un bon dossier…

– Mais, dans un mois, il y a aussi le concours et un entretien.

Mehdi se prend à rêver. Il la voit déjà en juge, avec sa robe noire et son col en hermine blanche, assise au centre d'une longue rangée de bonshommes vieux, tristes et sévères. Et elle, jolie comme une orchidée placée dans la pénombre d'une pièce sans fenêtre, écoute le procureur de la République, l'avocat général, le bâtonnier du barreau, les témoins de la défense, le greffier.

– Madame le juge… commence Mehdi en se levant et en imitant l'avocat ou le procureur, madame le juge, oui, cet homme a volé 200 F, mais c'était pour payer les traites d'un ordinateur.

–Madame le juge, geint Mehdi en changeant de personnage, ma fille avait besoin de cet ordinateur pour ses études. Madame le Juge, madame le juge…

–Objection, Votre Honneur ! se coupe Mehdi en changeant à nouveau de personnage. Un voleur est un voleur, et il mérite les galères, le cachot, le fouet.

Amina rit.

–Tu regardes trop de films américains. « Objection, Votre Honneur ! », c'est seulement dans les tribunaux des États-Unis. Et puis il n'y aura ni « Votre Honneur », ni « madame le juge ». Je me ferai appeler madame LA juge et je condamnerai ton voleur à travailler pour rembourser l'ordinateur.

Mehdi se jette dans ses bras et ferme les yeux. Ils se serrent très fort.

–Tu te rends compte, le jour où tu reviendras dans la cité et que tout le monde te dira « Bonjour, madame la juge » dans la cage d'escalier ! Même la grosse madame Sarhaoui, même le père Dos Santos !

Ils se taisent et rêvent du futur. Au bout d'un moment, Amina se dégage doucement, lui pose un baiser sur le front et dit :

–Maman est partie rendre un petit service à monsieur Brantôme, tu sais le monsieur qui a un cancer. Il habite rue de la Croix-Péchée. Elle a dit qu'au retour, elle ferait des courses. Sois gentil. Va à son devant pour l'aider à porter les sacs.

•

La rue de la Croix-Péchée se trouve à deux pas du quai du Roi. Mehdi arrive devant la maison du monsieur au cancer avec plus de vingt minutes d'avance. Il doit attendre. Il ne résiste pas à l'appel de la Loire et descend sur le quai qu'il parcourt à petits pas, sans parvenir à décider ce qu'il va écrire sur le message de ce soir.

« Après tout, je ne vois pas pourquoi je me casserais la tête maintenant. Amina n'a plus besoin de l'ordinateur, elle n'ira plus chez Lionel. Alors à quoi bon donner du boulot supplémentaire à Lionel ? »

En vérité, le besoin de procurer à sa sœur chérie le calme dont elle avait besoin – une inavouable jalousie également – a stimulé son imagination et l'a fortement motivé pour trouver chaque soir les grandes lignes de la suite du roman de Lionel. Maintenant que cette exigence a disparu, il est complètement en panne d'idées et il estime en avoir déjà beaucoup fait. Il a commencé par lui souffler l'histoire que Lionel lui-même avait débutée, celle d'un écrivain qui imagine des personnages qu'il rencontre dès qu'il a écrit l'histoire. L'histoire de Mehdi et de Lionel, tout simplement. Puis le personnage échappe à son auteur et l'écrivain court sans cesse derrière pour rattraper les situations les plus inattendues.

« Je t'ai fait prendre le train, l'avion, grommelle Mehdi à l'adresse de Lionel. Tu as arraché le gamin des griffes d'une bande de gangsters à qui il avait piqué sans le savoir un sac bourré de drogue, tu lui as fait piloter une Mercedes et tu lui as évité un coup de couteau en pleine poitrine. D'accord. Lui, de son côté a voulu démasquer les trafiquants et il t'a mis dans une sacrée situation. »

Mehdi s'arrête et regarde le courant de la Loire. L'eau a des reflets curieux ce soir et on dirait que le courant se comporte comme un enfant malicieux qui prépare un bon tour.

La cloche de la chapelle de l'orphelinat sonne. Il est l'heure de rejoindre la maison du monsieur au cancer.

Mehdi plonge la main dans sa poche et tire la feuille de papier pliée en quatre sur laquelle il devait rédiger le message de ce soir. Elle est blanche, entièrement blanche. Il la regarde, hausse les épaules, la déplie et la laisse tomber bien à plat tout près de la rive.

– Débrouille-toi. Moi, j'en ai assez fait !

Épilogue

Deux mois ont passé.

Amina a obtenu sa maîtrise en droit avec mention « très bien ». Elle a aussi passé le concours d'admission à l'École de la magistrature de Bordeaux. Aujourd'hui, les résultats sont proclamés, et c'est pour en prendre connaissance qu'elle est partie chez une copine qui dispose d'un Minitel.

Mehdi est seul. Sa mère est partie faire du ménage chez le monsieur au cancer. Il attend. Amina lui a promis qu'elle lui téléphonerait dès qu'elle aurait les résultats.

Et puis le téléphone retentit. Il décroche avant même que la première sonnerie ne soit terminée. C'est Amina.

– C'est moi. Viens tout de suite aux Halles. J'ai une surprise !

– T'es reçue ?

– Viens, je te dis.

– T'as eu le résultat ?

– Viens. Je t'attends. Grouille.

– Dis-moi au…

Amina raccroche. Mehdi enrage.

– Elle aurait pu me dire au lieu de raccrocher sans un mot !

Il lance Somerset Maugham sur son lit, enfile son blouson à la hâte et sort de l'appartement. Il court, enfile rue sur rue et parvient en moins de dix minutes sous les gros champignons de bois des halles couvertes. D'abord, il ne voit personne, puis il l'aperçoit, immobile, belle, droite, ses cheveux déployés sur ses épaules. Il lui trouve un air grave, mais, quand il s'approche, elle se précipite vers lui, explose et lui crie en ouvrant les bras :

– J'suis reçue. J'suis 3e.

Mehdi la serre très fort.

– 3e ! Alors, cette fois, c'est vrai ? Tu vas devenir juge ?

– J'ai encore quelques années d'études, mais je crois que oui.

– Juge, juge, répète Mehdi.

Il se sent fier, fier de cette sœur extraordinaire qui a décroché tous ses diplômes avec brio. « Madame le juge. » Il pense à la joie de sa mère.

Une idée lui traverse soudain d'esprit :

– Mais alors, tu vas partir à Bordeaux ?

Elle se dégage doucement sans répondre.

– Tu vas habiter où ? poursuit Mehdi. Et nous ?

Le garçon pressent que cette séparation va être douloureuse. Ne plus vivre auprès de cette grande sœur adorée, admirée, ne plus entendre sa voix pendant des jours entiers, ne plus discuter, ne plus avoir son avis…

– Le mieux serait qu'on déménage tous les trois et que nous, on aille aussi à Bordeaux.

– …

– De toute façon, Maman n'a pas de travail. Alors, ici ou à Bord…

Amina ne l'écoute pas. Elle regarde par-dessus l'épaule de son frère, et son regard traverse le boulevard, en direction de la Loire. Mehdi s'arrête de parler, prêt à lui adresser un reproche quand il surprend son attitude. Il se retourne. D'abord, il ne voit rien, puis la silhouette de Lionel apparaît parmi les voitures en mouvement. Le jeune homme est souriant. Il marche dans leur direction, d'un pas assuré. Il semble avoir perdu son allure dégingandée. Est-ce à cause de son visage rasé et de ses cheveux coiffés ? Est-ce à cause du tee-shirt portant l'effigie d'un dauphin bleu ? Il traverse le boulevard au milieu de la circulation, avance et s'arrête à deux pas.

Alors, il se passe quelque chose d'inconcevable pour Mehdi : Amina se jette dans les bras de Lionel en lui disant :

– J'suis reçue. J'suis 3e !

Et elle l'embrasse, en amoureuse, sur la bouche ! Puis ils font face à Mehdi qui les regarde, sans bouger, sans comprendre, pétrifié par une vision dont il se demande si elle est bien réelle. Lionel lui tend alors un livre, un livre tout neuf qui sent encore l'encre et le papier frais :

– C'est mon roman. Le livre est sorti ce matin.

Mehdi le prend et le feuillette. Tout se bouscule dans sa tête. Il se passe tant de choses ! Il essaie de mettre un peu d'ordre dans ses idées. Deux mois...

– C'est l'histoire que j'ai écrite pendant que ta sœur utilisait l'ordinateur. L'éditeur l'a trouvée géniale et l'a retenue tout de suite.

C'est donc l'histoire que lui, Mehdi, lui a inspirée pour l'accabler de travail. Cette histoire, ce sont ses propres petits papiers jetés dans le fleuve...

Lionel et Amina restent silencieux. Ils s'embrassent. Mehdi les regarde, feuillette le livre et ce n'est qu'après avoir relu la fin à plusieurs reprises qu'il comprend :

Le soir même de la sortie du livre, les résultats du concours d'entrée à l'École de la magistrature tombèrent sur le Minitel. Sans me dire si elle était admise ou non, elle me téléphona et me fixa rendez-vous sur les bords de la Loire. Il pouvait être cinq ou six heures quand je m'y rendis, le premier exemplaire de mon livre fraîchement sorti des presses à la main. Quand j'arrivai, je la vis en compagnie de son frère, de l'autre côté du boulevard. Mon cœur se mit à battre très fort et j'avançai vers elle, traversant le flot de la circulation sans prendre garde au danger. Ce soir-là, rien ne pouvait m'arriver.

– J'suis reçue. J'suis 3e ! m'annonça-t-elle d'emblée.

Elle lança ses bras autour de mon cou et son baiser m'interdit de lui présenter mon livre. Un peu plus tard, quand j'eus expliqué à son frère que c'était l'histoire que j'avais proposée deux mois plus tôt à mon éditeur et que le tout premier exemplaire du roman était sorti de l'imprimerie le matin même, il le feuilleta silencieusement, perplexe, abasourdi.

Quand il parvint à la dernière page, il s'attarda, lut longuement la fin de l'histoire puis leva les yeux vers nous deux. Nous étions enlacés, heureux et fiers de nos succès réciproques. À ce moment-là, je lus dans ses yeux qu'il comprenait que je lui avais échappé au dernier moment et que j'avais terminé à mon avantage l'histoire qu'il avait négligé de m'inspirer jusqu'à la dernière ligne.

DANS LA COLLECTION MILAN POCHE
BENJAMIN

1 • *Le Gang des petits-suisses* de Gérard Moncomble
2 • *Attention, dragon !* d'Amélie Cantin
3 • *Petit Lapin a disparu* de Frédéric Lenormand
4 • *Bagarre chez les sorcières* de Natalie Zimmermann
5 • *Monsieur Popotame* de Gérard Moncomble
6 • *Princesse-la-tornade* de Marc Cantin
7 • *Je m'envole* de Frédéric Lenormand
8 • *Le Voleur de goûter* d'Amélie Cantin
9 • *Ma maîtresse est foldingue* de Sylvie de Mathuisieulx
10 • *Le Monstre de l'espace* de Marc Cantin
11 • *La poule qui pond des patates* de Michel Piquemal
12 • *L'Indien et le Dinosaure* de Marc Cantin
13 • *Saperlipopette et autres comptines* de Jean-Marie Robillard
14 • *Le chien court après sa queue et autres poèmes* de Michel Monnerreau
15 • *Quelle panique!* d'Hélène Montardre
16 • *Le Monstre du tableau* de Méli Marlo
17 • *Le Renne du père Noël* de Méli Marlo
18 • *Comment cuisiner un cochon* d'Emmanuelle Cabrol

DANS LA COLLECTION MILAN POCHE
CADET

1 • *Un amour de pharaon* de Didier Dufresne
2 • *Souviens-toi d'Abel Zébutte* de Didier Dufresne
3 • *Un ogre pour s'endormir* de Marc Cantin
4 • *Un génie malicieux* de Romain Drac
5 • *La Fleur de pluie* de Romain Drac
6 • *La Récré de la sorcière* de Maryvonne Rebillard
7 • *La Nuit de toutes les couleurs* de Frédéric Lenormand
8 • *Je veux ma photo dans le journal!* de Gérard Moncomble
9 • *Adolphe, aux pieds !* de Marc Bataille
10 • *Le pirate couve la grippe* d'Amélie Cantin
11 • *Malika et le Grand Manitou* de Geneviève Noël
12 • *Un fantôme très rigolo* d'Amélie Cantin
13 • *Une histoire à dormir debout* de Frédéric Lenormand
14 • *Le Passager clandestin* de Do Spillers
15 • *Du Rififi à la bibliothèque* de Christine Molina
16 • *La Blague la plus drôle du monde* d'Arnaud Alméras
17 • *Maître cuistot sur un arbre perché* de Romain Drac et Christian Jolibois
18 • *Paris-sur-Mer* de Valérie Bœhrer
19 • *Le Loup qui voulait manger le père Noël* de Robert Ayats
20 • *Sauvons les sapins!* de Romain Drac
21 • *Une vache très encombrante* de Marie Dufeutrel et Grégoire Horveno
22 • *Le Roi des cochons* de Christine Molina
23 • *L'Arbre qui parle* de Do Spillers
24 • *Le Loup a les crocs* de Marc Cantin
25 • *La Joconde a disparu* de Marie Bataille

26 • *Mon papa flingueur* d'Amélie Cantin
27 • *Fables de la Fontaine, Tome 1*
28 • *Mon ogre bien-aimé* d'Arnaud Alméras
29 • *Le Zorro du bocal* d'Anne-Marie Desplat-Duc
30 • *Le plus grand détective du monde* de Moka
31 • *Kidnappée par les Sioux* de Christian Jolibois
32 • *Sa Majestée s'ennuie* de Michel Sabas
33 • *Le Fantôme du TGV* de Romain Drac
34 • *Mon maître est un sorcier* de Michel Piquemal
35 • *Le Secret de l'épée magique* d'Arnaud Alméras
36 • *Le Petit Poucet* de Charles Perrault
37 • *La pieuvre bricole et autres poèmes* de Gérard Bialestowski
38 • *Mes petites étoiles* de Jo Hoestlandt
39 • *La promenade infernale* d'Agnès Bertron
40 • *La Belle au bois dormant* de Charles Perrault
41 • *Le Martien de Noël* de Romain Drac
42 • *Le Dernier Cadeau du père Noël* de Marie-Aude et Elvire Murail
43 • *La poule qui pondait des images* de Michel Sabas
44 • *Comment se débarrasser de ses voisins* de Marie-Sabine Roger
45 • *Fables de La Fontaine Tome 2* de Jean de La Fontaine
46 • *Le Roi superbe* d'Anouk Bloch-Henry
47 • *Chocolats chauds et autres poèmes à savourer* de Yves Heurté

DANS LA COLLECTION MILAN POCHE
JUNIOR

1 • *Le Jobard* de Michel Piquemal
2 • *Histoires pressées* de Bernard Friot
3 • *Pour l'amour d'un cheval* d'Alim Hekmat
4 • *Rock'n Loup* d'Hervé Debry
5 • *Le 13* de Gérard Moncomble
6 • *La Nuit de la sorcière* d'Hélène Montardre
7 • *L'Heure de la momie* de Claudine Roland
8 • *Romain Gallo contre Charles Perrault* de Gérard Moncomble
9 • *Le Mouton Marcel* de Jean-Luc Coudray
10 • *Les Oiseaux du Mont Perdu* de Michel Cosem
11 • *Le Satellite venu d'ailleurs* de Christian Grenier
12 • *Les Neiges rebelles de l'Artigou* de Michel Cosem
13 • *Fabuleux Romain Gallo* de Gérard Moncomble
14 • *Objectif Terre!* de Robert Boudet
15 • *Au pied du mur* d'Hélène Montardre
16 • *Le Pionnier du Nouveau Monde* de Michel Piquemal
17 • *La Bague aux trois hermines* d'Évelyne Brisou-Pellen
18 • *Le Commando des Pièces-à-Trou* de Pierre Coran
19 • *L'Heure du rat* de Gérard Moncomble
20 • *Nouvelles histoires pressées* de Bernard Friot
21 • *Moi, Félix, 10 ans, sans-papiers* de Marc Cantin
22 • *Les Aventuriers des 18 mondes* de Béatrice Bottet
24 • *Le Masque de la Mort Rouge*
et autres histoires extraordinaires Edgar Allan Poe
25 • *Hilaire, Hilarie*
et la gare de Saint-Hilaire d'Hélène Montardre
26 • *Georges Bouton, explomigrateur* de Gérard Moncomble

27 • *Le Seigneur des neuf soleils* de Christian Grenier
28 • *Le Parfum de la dame en noir* de Gaston Leroux
29 • *Cache-cache avec la mort* de Michel Amelin
30 • *Zelna contre les vampires* de Stéphanie Benson
31 • *Mon premier Verlaine* de Paul Verlaine
32 • *Qui que quoi quand la poésie* de Jean-Hugues Malineau
33 • *La Dernière Nuit du loup-garou* de Marc Cantin
34 • *Le Secret du scarabée d'or* de Jackie Valabrègue
35 • *Les Aventures de Sherlock Holmes, Tome 1* d'Arthur C. Doyle
36 • *Enfer et couches-culottes* de Brigitte Richter
37 • *C'est bien* de Philippe Delerm
38 • *Encore des histoires pressées* de Bernard Friot
39 • *Le Secret de l'écrivain* de Roger Judenne
40 • *C'est toujours bien* de Philippe Delerm
41 • *La Cité barbare* de Gérard Moncomble
42 • *Clones en stock* de Pascale Maret

Loi 49-956 du 16 juillet 1949
sur les publications destinées à la jeunesse

Achevé d'imprimer par France-Quercy, à Cahors
Dépôt légal : 1er trimestre 2001
N° d'impression : 02688